介護を変える
未来をつくる

介護を変える
未来をつくる

介護を変える
未来をつくる

未来をつくる
Kaigo カフ

介護を変える
未来をつくる

介護を変える
未来をつくる

介護を変える未来をつくる

カフェを通して見つめる　これからの私たちの姿

未来をつくるｋａｉｇｏカフェ代表
高瀬比左子

日本医療企画

介護の未来をつくるのは自分。

高瀬比左子

目次

第2章

「未来をつくるｋａｉｇｏカフェ」で見つけました

第3章 カフェを開いてみませんか？

こんなメニューのカフェはいかがですか？ 164

装丁　石橋拓也
デザイン・DTP　スカイプレジャー株式会社
カバー写真　近藤浩紀
本文写真　近藤浩紀／高瀬比左子
構成　下平貴子

介護を変える　未来をつくる

はじめに

小さなアクションからドミノは走り出す！

「未来をつくるｋａｉｇｏカフェ」は２０１２年７月に活動を始めました。私自身が介護の仕事に携わる中で得た気づきや思いをＳＮＳで発信していたところ、徐々に共感や意見を寄せてくれる人が増え、そのやりとりに癒されたり、より深く考えるきっかけをもらえたりしたので、ＳＮＳ上でだけでなく、介護職や医療・福祉に関わる人が自由な対話を深めるリアルな『場』をつくりたいと思ったことがきっかけです。

その頃も施設勤務のケアマネジャーで、公私ともに、それなりに忙しい毎日を過ごしていて、決して余裕があったわけではないけれど、行動せずにはいられませんでした。それは資格を取り、ステップアップしているのに、その先の自分のイメージを描くことができなかったから。介護関連だけでなく、一般的なビジネススキルをアップする研修などにも参加しましたが、それだけでは介護の未来は見えないと気づいてしまったからです。このままただ忙しい毎日が続くのは耐えられない。好きな仕事に就いているのだから、夢や希望をもって働きたい。変わりたい。変えたい！ そんな思いに突き動かされました。

勉強会でも、交流会でもなく「カフェ」というスタイルを選んだのは、いくつか理由があります。

1つは参加するだれもが立場や役職などには関係なく、対等に話せる場にしたいと思ったこと。また、私自身も含め介護職の多くはそういう機会が少なく、どちらかと言うと「対話」や「表現」は苦手であること。そうは言っても大好きな介護の仕事を楽しく続けていくために、その苦手も素直に表して変わっていく必要があること。何より、私自身が楽しみ、続けられる場、多くの方に来てもらえる豊かな場所にしたかったのです。

そこで私自身と、同じ介護職の仲間にとってどのような場が望ましいか考え、SNSの仲間に問いかけたりもして準備をし、地元練馬で第1回のカフェを開催しました。以来、回を重ねて4年が過ぎようとしています。開催場所は各地に広がり、大幅に定員を増やして開催することが増えています。

参加された方々、仲間とともに育んできた「未来をつくるｋａ・ｉｇｏカフェ」は、立ち上げ当初から変わらず続けてきたことに加え、スピンオフ企画でさまざまな新しい取り組みにつながっています。

活動の趣旨を変えず、新たなチャレンジを重ねられていること。４年前には予想できなかった今に感動し、感謝の気持ちでいっぱいです。すべては仕事をする中での悩みと、自分への問い、気づき、そして、小さなアクションから始まりました。

１枚目さえ倒せば、走り出すドミノのように、小さな１歩でも踏み出せば、出会いがあり、同じ思いを共有できる仲間がいると知ることができます。さまざまなチャンスに恵まれ、未来の介護をつくっていけるのです。そのことをお伝えしたくて、本にしました。それぞれの場でアクションを起こす人が増え、未来の介護を担っていく、信頼できるつながりが広がることを願っています！

高瀬比左子

2016年7月に4周年を迎えるカフェの成り立ちや、カフェで出会えたかけがえのない仲間のこと、カフェでの対話、改めて介護の魅力など振り返ってみました。

参加した人々の思いと対話によって想像以上にパワフルな場になったカフェが私の人生観、仕事観を変え、私の中心軸になっていて、うれしいのです。

その喜びが、未来のカフェのイメージも膨らませてくれています。

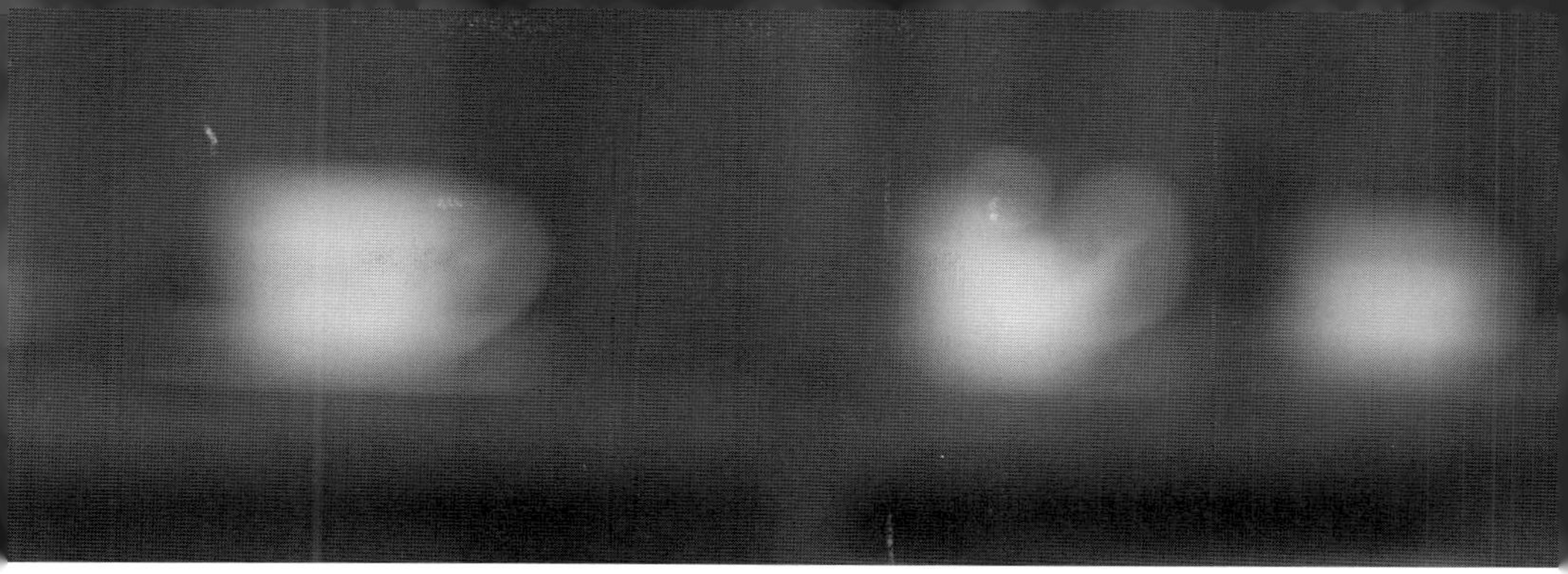

第 *1* 章

気づきとパワーをくれる カフェに来ませんか？

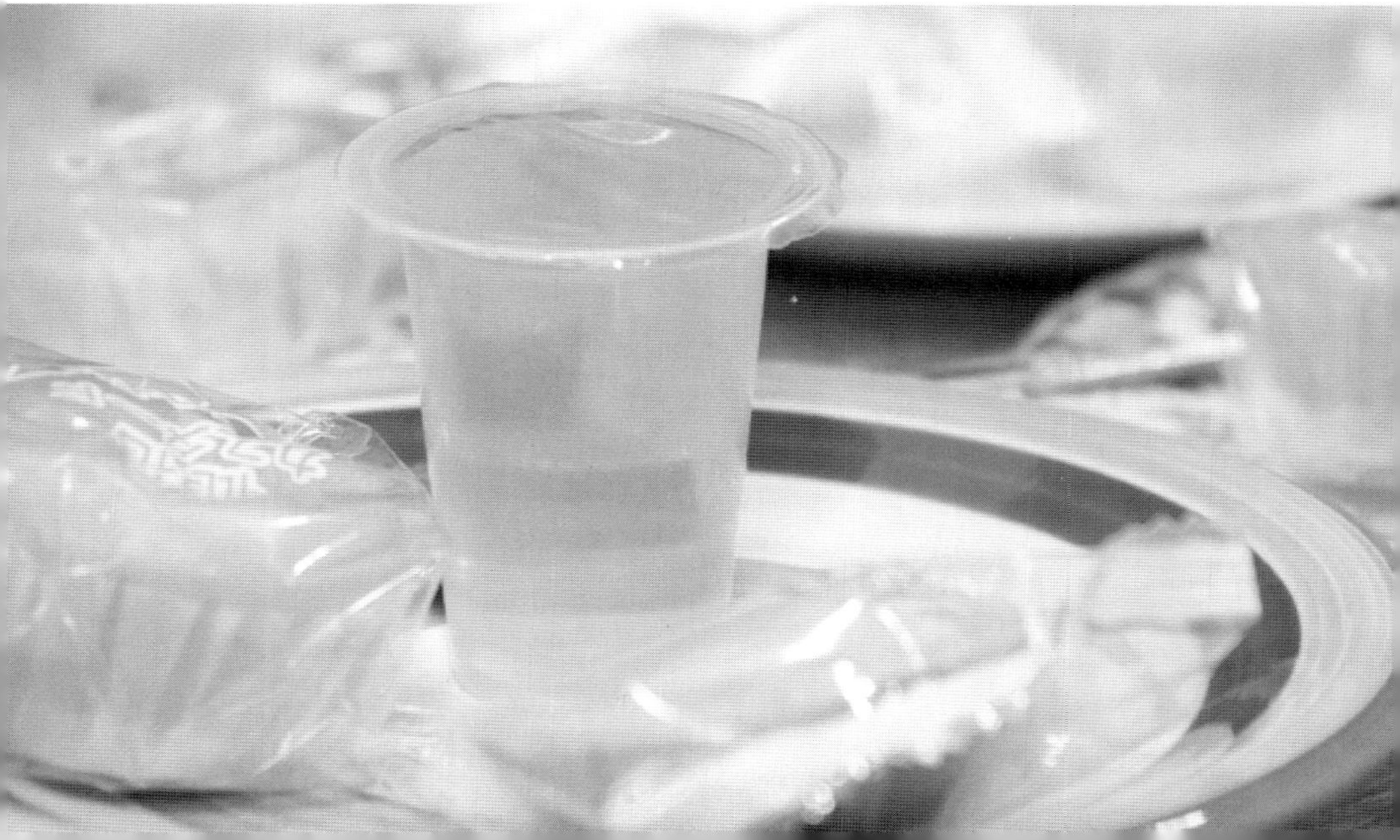

日常から1歩離れてみませんか？

介護職の立ち往生

このようなタイトルの本を手に取った人なら、介護と自分自身の未来をよりよく変えたいと考えているか、そのために何かを始めている人でしょうか。

または、職場内の問題や人間関係のトラブルなどの改善を試みてはいるものの、苦戦している人もいるかもしれません。

私自身も「未来をつくるｋａｉｇｏカフェ」を始める数年前、日々の仕事と職場の問題を目一杯抱えていて、ふと「未来が見えない！」と気づき、それを問題だと思うようになりました。

現場で働きながら、介護福祉士やケアマネジャーの資格を取ることをめざしていたうちは、次の段階へ進むイメージをもち、ステップアップできていました。

しかし資格が取れ、職場でリーダー的な存在になってみると、いつしかその先がイメージできなくなっていたのです。

介護の仕事が好きで、もっと利用者さんの役に立てる自分になりたくて、キャリアを積んできたはずが、肝心の「利用者さんの満足」を脇に置いて仕事をすることが多くなっていました。

当時の職場は、人生最悪の職場だと思ったし、今、思い出してもそう思います。

管理者は介護の質の問題に気づいていても目をつぶっていて、問題意識をもって変えようとするリーダーのことは抑えつける。

そのため、スタッフのほとんどはモチベーションをもたずに仕事をしているか、疲れ果てていて余裕がない状態で「業務をなるべくラクに終わらせたい」というムードでした。

最低限の人数しかいない職場だからこそ、人を育てて、マンパワーを活かしたいところですが、全員がやるべきことにただ追われる毎日になっていました。残念ながら、介護の現場ではよく耳にする話です。

スタッフは組織の内側にばかり関心を向け、制度の枠の中だけで考え、動いていたのです。

上司にどう思われるだろうか、同僚に批判されないだろうか、組織の慣習やルールからはみ出していないか。

そんなことばかり考えていると、これが「自分がしたかった介護」なのか、一生の仕事として続けられるのか、このままでいいのだろうかと疑問が湧きます。

疲れきっていれば、考えることも避けるために疑問さえも封じ込めてしまった人もいたかもしれません。

疑問に向き合ったとしても、疑問を封じ込めたとしても、負のスパイラルに陥りがちです。

心ある人は、だれとも共有できない悩みを抱えて、苦しいなら仕事をやめるしかない、転職できる？　何ができる？　介護をめざしたこと自体、間違いだったのか……などと極端にネガティブな発想になって、立ち往生してしまう。

私も一時期は余裕を失くし、看護の資格取得を考えたりもしたので、そうした時期のふがいなさ、憂うつがよく分かります。

深呼吸できる場所へ

訪問介護の利用者さんに「ありがとう」と言ってもらえてうれしく、自信がもてた。あのときの私はどこに行ったのだろう？

世間は介護の仕事を３Ｋなどと言い、実際に重労働で、待遇がよいとは言えない。けれど介護の仕事にはやりがいがあると信じていたのに、なぜ未来が見えなくなってしまったのか、私にはショックでした。

笑顔をくれた利用者さんに、申し訳ない気もしました。もっと利用者さんの役に立ちたい、笑顔が見たい。その気持ちは変わらないのに、何が変わったのか？

この状況はどうにも変えようがないのか？

介護職は皆、どこの職場も同じ？

他業種の人は、どうなのだろう？

心から溢れ出すたくさんの「？」と１人で格闘するのはくたびれるし、見ないことにして精気を失ってしまうのもイヤでした。

何より介護の仕事が好きで、再びいきいき働きたいという気持ちが強かったので、私は考えていても答えが出ない「?」を外に向かって表現することにし、介護関係に限らず気になった勉強会やセミナーへ通ってみました。

コーチングやファシリテーション、プレゼン術など、今にして思えば、充実した対話を引き出すための学びですが、当時はそれほど意識していません。「おもしろそう」「興味がある」と自分のアンテナに引っかかった所へ、あれこれ考えずに出かけて行ったのです。

自分と職場だけの世界から表に出てみたら、呼吸がラクになりました。

自由な発想で、自分の思いを表現している人がたくさんいて、人の話を聞き、知らないことを学ぶのが楽しかった。

いろいろな立場の人がいて、無理せず自然にしている。人が集まっている場所のムードは明るい。

ラクに呼吸ができるようになると、仕事上の悩みを思い出し、介護の現場との相違点に目が向くようになりました。

スタンスを変える。実際に体を動かして、気になる所に行ってよかったのかも。久しぶりにすがすがしい空気を吸ったように感じた瞬間、何かが弾けて、元気が出ました。これからはこの自由な感じでいたい。もともと何かに縛られるのは好きじゃないのです。

元気になって、対話を学んでも、すぐに状況は変わりません。けれど介護の未来は見せてもらうものじゃなくて、自らつくるもの。どうにでも変われる余地があるんじゃないかと思うことができました。

新しい仲間を見つけてみませんか？

ネットの効用

自分が気になった場所に出かけていくと同時に、私がちょっと努力して続けたのはブログとＳＮＳ（Facebook）です。

感じ、考えていることを言葉にして出すと、思いが一旦整理できてスッキリします。疲れて帰った後、ブログを書くなんて面倒くさい。早く寝たいと思いそうですが、続けてみたら、リセットの時間をもつ方が、オンオフの切り替えができてよかった。

もともと好きなことを書いているので、それだけでも癒しのワークになります。職場では見せることができない自分と向き合って、正直な気持ちを書きました。

すると共感や、思いがけない意見をもらって励まされたり、考えを深めるきっかけになることもあり、助けられました。

大人同士なら、物理的・時間的に負担が少ないＳＮＳ上の人間関係に救われることは多いのではないでしょうか。

自分とは違う環境、立場にある人ともつながることができ、未知の世界を垣間見て、それを新たなものさしとして、自分を客観視するチャンスがもらえます。

自分だけでなく、たいていの人は忙しいので、ＳＮＳを上手に活用して、現実の社会でもすがすがしい人間関係を育むことが理想的ではありませんか。

仲間がいてこそ！

信頼のおける仲間が必要。そう思うのは、介護職の悩みは、なかなか根深いものがあるからです。

介護職の本分は？　利用者本位とは？　自立支援とは？

こうした根源的で、そう簡単には答えが出ない問い、答えは１つではなく仕事をす

る上で問い続けなければいけない問いを共有する仲間をつくることが、介護を変え、未来をつくるために欠かせません。

答えや解決策より、多くの人が同じ問いを問い続けていくことで自然に起こるムーブメントに、物事を変える力があるのではないかと思います。

きっと多くの介護職は〝利用者さんの笑顔が見たい〟という純粋な気持ちをもっていると思いますし、私もこれまで、どんなにつらいときも利用者さんの笑顔や励ましがあったから続けてこられた。しかし、現場では理想と現実のギャップを突きつけられることも多く、笑顔さえあれば仕事を続けられるかと言ったら、そうとは限りません。

現在の介護職が、未来の介護職のためにも待遇面、人材育成の仕組みづくりなど、やはり一朝一夕で解決しない課題に取り組むには、業界内外のさまざまな人とつながること、サポートし合える関係を築くことが必要です。

大人の付き合い

小さな職場であったとしても、その中の人間関係を成熟させるために、介護職がだれとでも自然に出会い、適度な距離感をもって交流できる、大人の仲間づくりができるようになる必要があり、それには井の中の蛙でいては難しいと思います。

異業種のさまざまな世代と交流すると、介護業界の常識が通用しない社会があると知り、介護の常識に対して思ってもみなかった視点の気づきをもらうことがあります。

どちらかと言えば、閉鎖的な環境に身を置きがちな介護職は、まずは他者の意見が分かる、分からないはさておき、他者の意見を聞き、自分の意見を述べることに慣れる機会が必要かもしれません。

私も、以前はだれに対しても構えずに打ち解け、ほどよい距離感で交わるなどというタイプではありませんでした。一般企業や福祉関連団体で働いた経験はありますが、それほど多様な社会経験があるわけでもなく、カフェを開いて多くの人に出会えたこと、対話によって、成長させてもらったと思っています。

楽しく大人の仲間づくりのレッスンをするなら、ハウツーを考えるより、職場以外の場所へ飛び込んでしまうのが得策です。

介護は閉鎖された空間の中で行われることが多く、命の危険にも及ぶ事故・トラブルと隣り合わせの仕事だけに、いつも自浄作用がはたらく現場であり続けなければならないと思うのです。

ほどよい緊張感が保たれていて、風通しがいい。そして、スタッフ発の試行錯誤や、失敗しても再チャレンジができる現場である必要があります。

職員同士、仕事の上では互いにいい意味で監視し合い、介護の本分に照らして言いにくいことも言い、話し合える成熟した関係をつくれないと、緊張感は保てないのではないでしょうか。

外で仲間づくりができるようになると、職場内の人間関係も成熟するという相乗効果がはたらきます。日常、顔を合わせる利用者さんとも、先入観抜きで日々新たに出会い、こだわりがなければ互いに心地よい関係がつくれます。カフェではそんな、フラットな対話術を身につける機会がもらえました。

悩みや思いを伝えてみませんか？

カフェの始まり

ケアマネジャーになるときは、これまでの人生でいちばん悩みました。取りたかった資格が取れたのに、悩みが深くなるなんて思ってもみませんでした。そのときは不安な自分にいら立ちもしたけれど、今は案外、同じような不安や悩みを抱える人は多いのではないかと思っています。

自分にケアマネジャーの仕事は務まるだろうか。
ケアマネジャーは本当にやりたいことだろうか。
現場と比べて、利用者さんの満足を感じる機会が少ないのではないか。
ケアマネジャーになったはいいが、この先、未来はどうしたいだろうか。
スキルアップのタイミングで自問自答を繰り返す人は少なくないと思うのです。

私の場合、悩みながらケアマネジャーの仕事を始めて、日に日に多忙を極める中で、不安や疑問が解消するどころか、どんどん膨らんでいきました。

おかげで、職場ではなかなか口にできなかった気づきや思いをブログで発信するようになり、自分や職場の外に目を向けるきっかけになりましたが、１人で思い悩んでいた時間は苦しいものでした。

ブログも、書き始めた頃は自分の思いをうまく表す言葉が見つからず、シンプルに伝えられずに苦労しました。念願のケアマネジャーになって、何が不満なのか、つらいのか。複雑な思いを言葉にするのは難しいです。

書くために自分と向き合って考え、「未来をつくる」など、前向きで、シンプルな言葉にたどり着くには時間がかかりました。

とはいえ、文章は熟慮して書き、修正することもできます。文章を書いていて気がついたのは、自分には対話力や表現力が欠けているということ。思いを伝える言葉が書けても、「話す」となると不十分でした。

さまざまなジャンルの勉強会やセミナーに参加していた影響もあったかもしれませ

ん。だれかに思いを「伝わるように話す」ことは、書くよりも難しいと感じました。

当たり前のことですが、対話は相手が話しているときは聞き、それを受けて、よいタイミングで返答しなければ続きません。相手が話しているときに、次に自分が話すことを考えていたら親身に聞くことができず、相手は対話に満足しないでしょう。

そして、そのとき「そういえば介護の現場では対話の機会がほとんどない」ということにも気がついたのです。

同僚や友人の顔を思い浮かべてみたら、何も思っていない顔ではありません。けれど、おし黙っている表情です。

うまく話せない。仕事を増やしたくない。経験が浅い。パートだから。上司に生意気だと思われたくない。人より貢献できていない。言ったところで制度は変わらない。

理由はさまざまでも、介護職には自分の思いを閉じ込めてしまう人が多いのかもしれない。それは私の職場や身近な介護職に限ったことではなく、介護に携わる人の多くが同じではないかと思いました。

そもそも介護の仕事を志す人はどちらかといえば控えめで、対話や表現することが苦手な人が多いのではないかと思います。

そして業務に関する研修会や勉強会はたくさん開催されていますが、介護についてフラットに語る場はほとんどありませんでした。

そう気づいたので、ＳＮＳ上でなく実際に、介護について自由に語れる場をつくろうと思い立ったわけです。

介護職の悩みは深い上に、社会的にも考え、変えていく必要がある課題も数多くあるのだから、介護職が肩書や役職を気にせず、思いを話せる場が必要です。

対話の場を一緒につくっていきませんか？

主体的に未来をつくっていきませんか？

ＳＮＳで知人・友人に呼びかけました。自分自身が当事者の１人としていろいろな思いがあり、そのことを話したく、人の思いも聞いてみたいと思ったからですが、呼びかけには多くの共感をいただきました。

今もこの思いは変わりません。カフェのような取り組みは全国に広がっていますが、まだまだ少なく、とくに地方には対話の場がなく、言いたいことが言えない介護職が少なくないのではないかと思います。

もっとも、さまざまな人が集い、問題や課題を共有し、フラットに対話する必要があるにもかかわらず、そんな場がないというのは介護業界に限らないのかもしれません。風通しがわるく、人間関係のトラブル等で離職が多い職場や業界に、きっと共通するのではないでしょうか。当事者はだれもが苦しくて、だれもそれでいいとは思っていないはずです。

対話の力

カフェを通じて、私は徐々に対話力や表現力が磨かれたと思っています。ブログやSNSのおかげも大きいけれど、実際に会って、話し合うことから受ける影響は計り知れません。

対話のおもしろさは、自分が話したくても言葉にならなかった思いが、人とのキャッチボールの中でふいに言葉にできることや、今一つ自信がなくて言いよどんでいたことを、会話の流れで言わずにはいられなくなり、言ってしまった以上、後には引けなくなるようなことです。

不思議なことです。けれど、だからおもしろい。そして胸に溜まっていた思いを言葉にして出すと、ラクになります。

思いを空気に触れさせてみたら大したことなかったと思える場合もあります。違う目線で見ることができたり、偶然にも同じことを考えている人と話せて、問題の核心をとらえる化学反応のようなことが起こる場合も。経験者はそれを知っているから、カフェもリピーターの参加者が多く、参加人数が増えていったのかもしれません。

基本的に、カフェに集まる人はあたたかく、前向きな気持ちで来ているし、利害関係があるわけではないから、何かを言ってはいけないとか、ふさわしくないとかいうことはありません。思いがけないヒントや異なる考えを聞いたなら、自分の思いや行動を再点検する参考にするまでのこと。考えを押しつけたり、押しつけられたりすると、対話は続きません。

先にも述べた通り、さまざまな立場にある人が課題を共有し、問い続けていくことが大切で、カフェで「どう話した」とか、「何を聞いた」で終わりではないのです。カフェをきっかけに問いが深まり、自分なりに行動が変わっていく、静かなムーブメントにつながることが対話の真価です。

さらに、対話の経験を重ねることによって、みのりある対話を引き出す力も磨かれていきます。それは、同席した人のよき理解者になりたいという気持ちさえあれば、難しくはありません。中立の立場で、グループでのディスカッションを進行していくファシリテーションのスキルは、仕事やプライベートでもとても役に立ち、その経験は気づきや学びの機会を増やしてくれます。

自然にいいムードをつくろうと心がけることは、介護職をめざすような人の資質でもありますよね。どちらかと言えば向いているのではないでしょうか。

また今、地域包括ケアシステムの体制づくりが行われ、他職種との連携が必要な中で、介護職もどう専門性を発揮していくか問われていて、対話力や表現力、対話を引き出す力を高めていくことは強みになります。

カフェを始めた頃、ＳＮＳに「心の壁をつくっているのは案外自分なのかも。過去にどんな思いをしていたとしても、自由でとらわれない心が欲しい」と投稿したことがあります。

組織の中で上司や同僚、他職種との関係に悩んで、つい出た言葉でした。

けれど今は、何にもとらわれず人と交流できるようになり、望み通り「自由」を手に入れています。

地域の他職種と関わるときも、固定観念や先入観をもたずに接し、課題や目的を軸に対話できます。それはテクニックの問題ではなくて、カフェでさまざまな立場、他職種、考えに触れ、言葉を交わした経験によるもの。習うより、慣れることで、壁は壊れます。

毎日働く中では揺り戻しがあり、壁を感じることがあったとしても、現場や地域を離れ、カフェで深呼吸。仲間と対話すればリセットできるから、私にとってカフェはとても大切な場所です。

聞く力、黙る力

一方、カフェでの対話は聞くべきことを聞き、聞く必要のないことを聞き流す力、沈黙を効果的に使う力も養ってくれました。

介護職には他の職種より「言いやすい」というのもあるかもしれませんが、利用者さんからは率直な言葉を受け取ることがしばしばあります。感情的な言葉などすべてを真に受けて、右往左往のケアをするのは、利用者さんのためにならず、介護職にとっても疲れ、傷つく原因になってしまうでしょう。

しかし、対話の力がつくと、言葉の中からポイント、言葉のウラにある真意を汲み取り、冷静に対応することができるようになります。中立の立場で話が聞けるからで、それは同僚、部下、他職種の話を聞く場合にも役立ちます。

また、カフェでは、「理想の現場」や「ナラティブ・ベイスト・ケア」、「介護保険制度改正」など介護をとり巻くさまざまなテーマについて考え、対話して、ケアの本質を再確認する機会が多くあります。

そういった場で正確な情報や知識をつかみ、考えていると思考の軸ができます。情報の整理の仕方も学べます。

地域包括ケアシステムの構築が進む中、介護職も地域社会の情報を収集することがより一層必要になってきていますが、同時に必要な情報とそうでないものを選り分け、振り回されないことも必要でしょう。

そのために自分の軸を見失わないことが大切です。

私も、以前は自分にとってどんなバランスで情報を収集したり、遮断したりすればいいのか「ちょうどいい加減」を模索していた時期があったのですが、今はケアの本質、介護の本分を振り返り、対話する機会を頻繁にもてているから、軸はブレないでいられるようです。日常はルーティンの仕事をしていても、ひたひたと変化していく世の中ともつながっていて、振り回されることもなく、いい距離感です。

また、有効な黙り方も身につきました。

対話の中での「心地よい沈黙」は互いに話さなくても一緒にいられる相手だと、特別な安心感を確かめることができる貴重な時間になるでしょう。それぞれが考えを整理し、相手が話したことを理解し、共感する時間です。〝心地よい〟というところが難しそうに感じるかもしれませんが、聞き上手になれば、自然と身につくので大丈夫。

その間、アイコンタクトやうなずき、ソフトタッチなど、言葉以外の表現をときと場合に応じて活用しますが、その先にある会話をより豊かにするために黙っていられるようになりました。

介護の魅力を再発見してみませんか？

足りない言葉

以前、ＳＮＳでも問いかけたことがあるのですが、介護や福祉の仕事に携わる人は、その仕事の魅力を周囲の人々に伝えているでしょうか？

私は、カフェを始めるまでは伝えられていませんでした。

お年寄りが好きとか、優しいとか、ボランティア精神があるなどと、安易で、画一的なイメージをもたれるのが気恥ずかしくて、だれかに仕事について聞かれても、あえてあまり熱心に伝えず、お茶を濁していたのです。

しかし今は、介護職が意識して介護の魅力を再発見し、語る必要性を感じています。

介護職自らが、いきいき働き続けられる未来をつくるため、初めの１歩が魅力を語る言葉を見つけ、語ることだと思うのです。

カフェでは介護職のみならず、さまざまな立場の人によって介護の魅力が語られてきましたが、まだまだ言葉は出尽くしていません。

残念ながら介護職には職場と家の往復で疲れ果て、考えることも、行動することも拒んでいる人もいて、そうした場合、夢や希望をもって働き始めたことも、介護の魅力も忘れてしまっています。また自分が働きやすければ、介護の魅力も、未来も関係ない、ラクができればいいという人もいないわけではありません。

そんな恐るべきネガティブパワーに引きずられないように、そして、これから仕事を選ぶ若い人たちに介護職という選択肢をもってもらえるように、同じ未来を見ている仲間とともに、介護の魅力を語る言葉をもち、語り続けたい。

今、介護を必要とする人は増える一方だというのに、その魅力はほとんど伝わっていません。介護に対するステレオタイプのイメージは３Ｋと呼ばれるもので、介護職は３Ｋに耐えられる人か、もしくは耐えるよりほかない事情があるかと卑下されているることさえあります。

介護職自身にも自虐的なイメージにとらわれていたり、介護を甘く見てネガティブな選択で仕事に就くような人もいて、負の連鎖を生み、マイナスイメージの伝聞や報道が繰り返され、固定観念が定着してしまった現状があるのではないかと思います。

親や祖父母は子に「大学を出てまでする仕事ではない」などと言い、就業を反対することもあるでしょう。他の仕事に就けない場合にやむなく選ぶ職業とされ、景気が上向けば介護業界への転職は減るというような現象が起こっています。

介護という仕事のプラスの側面を伝えて、イメージを変えるには、介護に携わる人自ら、自分の言葉で介護の魅力を語り、さまざまな変化を主体的に起こす必要があります。

介護の魅力

利用者さんの生き方、暮らし方を支える。介護の仕事はやりがい、誇りを感じる瞬間がたくさんある仕事です。

訪問介護をしていた20歳代、仕事は「自分を必要としてくれている人がいる」「訪ねて行くのを楽しみに待っていてくれる人がいる」と自信を与えてくれ、人生の価値に気づかせてくれました。若く、未熟だったにもかかわらず自己肯定感をもてたことは、人としてかけがえのない経験ですし、今も私の意思・行動の基盤です。

そして、さまざまな人生を歩んできた利用者さんから、歳を重ねることは衰えるばかりではないと教わり、人生のお手本になる話を聞く機会に恵まれました。

ときにはご家族よりも身近で、ありのままの姿を見せてもらうことで、人のたくましさ、奥深さに心を揺さぶられます。だから私はご年配の利用者さんとのおしゃべりやふれあいが大好きで、いただく智慧や感動は介護職の役得だと思っています。


一方、介護はまだ専門性や価値をどう発揮するかという肝心なところが発展途上です。そろそろ〝途上〟とは言ってはいられない、いよいよ変化のときです。

しかも世界一のスピードで超高齢社会になったのですから、未来を拓き、世界の標準となるのも、自分次第・創造次第の可能性がある仕事だとも思います。


つまり、介護職は一生活者として感じる魅力があるだけでなく、この時代・社会と向き合う事業として十分な魅力もあるということですが、この「最大の魅力」に気づいていない介護職が多いのではないでしょうか。私もカフェを始める前はそういったことをぼんやりとしか思っていませんでした。

自立をサポートし、いい関係を築けた利用者さんとも、やがて別れる日がやって来る、つらいことが多い仕事。日常の業務に華やかさはなく、地味な毎日の繰り返しで、感動が薄れていくのもやむを得ない、などと思ったこともありました。

「介護の魅力を見出し、広く伝えたい」と願っていても、どのように行動すればいいか分からずにいました。

しかしカフェを開催し、さまざまな分野のトップランナーとして注目されているゲストの方々や、前向きな意思をもつ参加者と対話する中で、思っていた以上に介護は魅力がある仕事だと気づきが深まり、広く社会に貢献する事業としてどんなステキな可能性があるか、自分ごととして具体的に考えられるようになりました。

「もやもや当事者」として始めたことですが、カフェの運営を重ねることによって「確信的な発信者」となり、カフェがより多くの発信者を生み出す場であることを願うようになっています。

自ら介護の仕事を志し、選んだ人なら、利用者さんの人生をより豊かにしたいという熱い思いをもっている人が多いはずですから、だれもが発信者になり得ます。

介護の仕事の奥深さ、本質を理解し、介護の世界に愛着と誇りをもって働く人に、ともに発信者となってほしいのです。

いきいき生きる

介護の未来をつくっていくために、仕事の魅力を発信する以前に、介護職自身がいきいき働き、プライベートを充実させることも大切だと思っています。

そうでないと、魅力を語る言葉に説得力がありません。

どんな生活が充実したものかは人それぞれですが、仕事以外にも何かに打ち込むとか、本気で遊ぶとか。とにかく、自分のしたいことをしたり、家族とゆっくり過ごす時間をもつなど余裕があり、希望がある生活を送りたいものです。

そのために自分らしい生活全体をプランニングするための「生活プラン」は、要介護者がその人らしい生活を送るための「ケアプラン」と同様に私たち介護職にも、だれにとっても、必要なものかもしれません。

介護職は他者のケアのことを考えるばかりで、自分のことはおろそかにしている人

が少なくありません。自分の人生と向き合って、働き方や暮らし方を点検し、希望のスタイルに変えていく工夫をする。プランに落とし込み、具体的な目標設定をして、夢を叶えていくことが、介護の仕事にも必ずいい影響を与えます。

自分の人生に向き合えず、前向きなビジョンを描けない人が、他者の自立を支えるなど可能でしょうか？　仕事だからできる？　そう都合よくいくでしょうか。

いずれにせよ、私が支援を受けるなら〝いきいき生きている〟人に伴走してもらいたいです。

〝いきいき〟と言っても、何も元気はつらつ、パワフルとは限らなくて、自分らしく生きている人ということです。穏やかな性格の人は、穏やかに。どのようでも、とにかく私たち介護職はさまざまな状態にある人を受容する余地をもっているために、自分のことも大事にし、内面を磨いていなければならないのではないかと思うのです。ちょっと哲学的、抽象的な課題なので、生活プランをつくる具体的な行動で取り組むのがよいのではないでしょうか。

たとえば、介護職は非常勤でも働きやすい職業です。何か別のやりたいことと、二足のわらじを履くことが、両方の仕事にいい影響を与えるような働き方ができるかもしれません。

人生は仕事だけのためにあるのではないので、〝共働き&共に子育て〟というスタイルをつくり、我が子の成長に向き合う時間をつくるのもいいかも。子どもが大きくなったら、働き方を変えればよく、セルフアセスメントでどのような人生を生きていきたいか、計画し、セルフモニタリングで軌道修正する……いつも仕事でしていることを自分にもやってみましょう。

非常勤で働くことは、組織への積極的な関わりができない、やりがいが少ないかもしれませんが、一方でメリットもあります。

組織との距離感を適度に保つことができ、客観的に自分自身や組織を見ることができ、フットワークは軽い。つまり常勤、非常勤に限らず、自分自身の仕事への向かい方次第ではたくさん得るものがあるということです。

自分にとっての優先順位を考え、どんな働き方が合っているか、仕事のモチベーションを保つためには何が必要か。どのように変化していくか。どうしたら周りの理解、サポートが得られるか。何が楽しいか。そういったことを深く掘り下げてプランをつくり、自分らしい生活を実現するために頑張るのは、楽しいことです。

ずっと現場で働き続けるか、リーダーになって管理者になるか、組織の役職に就くか、ケアマネジャーになる以外には選択肢がないなんて、思い込みは捨てましょう。選択肢がないから身動きが取れないという話はよく聞き、心情的には分かりますが、〝もっと多様な選択肢があったら……〟と思うなら、見出すしかないですよね。

いくつになってもやりがいをもって毎日を楽しみ、いきいきしていたい。そう願うなら、自分の未来をわくわく思い描き、叶えていく一方、ライフワークとして介護を極めていきませんか。

カフェの楽しさを知りたくありませんか？

カフェは〝いきもの〟

約4年、ほぼ月1回開催のペースでカフェの運営を続けてきて、たくさんの出会いがあり、学びがありました。昨年あたりからは「もう無償奉仕でやらなくてもいいのでは」とか、「カフェ自体を事業化したら」「人脈を使ってビジネスにしたら」などと声をかけられることも多くなりました。

けれど、私にとって通常開催の「未来をつくるkaigoカフェ」はちょっと特別な場で、このスタイルや趣旨は変えたくないものだし、ビジネスともちょっと違うのです。カフェを運営することから派生して、原稿を書かせていただいたり、講座を開くことも増え、仕事になった部分もあります。けれど、私はこれから先も当事者であることを忘れずに、今まで通りのカフェを開いていきたいと思っています。

大勢の仲間ができ、知識や情報を得ても、私は何者にもなってはいません。うっかりしたら、ラクな方へ流れるだろうし、失敗も繰り返すでしょう。もう知っている、分かっている、などといい気にならずに、初心に帰るためには、当たり前にできなければいけないことを何度も確認する必要があるのです。これからもカフェは〝自分に向き合う〟機会をくれる、大切な場所ではないかと思います。

カフェは何度回を重ねても新鮮です。参加者もほどよく新陳代謝があって、皆さん〝ライブ〟なんだなぁと刺激を受けます。しばらく会えなかった人に再会でき、その人が輝いているとうれしくて、やはり刺激を受けます。カフェ自体がいきもので、エネルギーに溢れているのは、そんな人のチカラだと思うから、運営することによって私がいただいているパワーは計り知れないものがあります。

そうは言っても忙しいでしょう？　これも最近、よく言われます。それでも、忙しいのはわるい感じではありません。忙しいと1つの嫌なことにこだわりすぎることがなくなるからです。今の私は、自分がしたいことで忙しくて、その忙しさゆえに助かっている部分も大きいようです。

カフェのこれから

「未来をつくるｋａｉｇｏカフェ」は、介護に携わる人はもとより、さまざまな業種・職種の人が集う場となり、参加者から仕事に役立つ情報や気づき、行動を起こすきっかけをもち帰れる場、貴重な出会いの場などと評価をいただいています。

私にとってもそのような場ですから、同じように思っていただけているのは素直にうれしいのです。だから愛するカフェのこれからを大切に考えています。

介護という仕事において、今後さらに介護職が利用者さんの自立を支えるという本分を全うするために、制度の枠を超えた新たなサービスを開発し、事業化していく機会が増えるでしょう。そんな未来の実現のために、まずは多くの人と出会い、対話することは欠かせません。

「未来をつくるｋａｉｇｏカフェ」がスタイルや趣旨を変えず、介護業界に起こるさまざまなムーブメントに貢献するには、どのような変化が必要なのだろうか。

しばらく考えていて、自分なりのプランがまとまってきました。不思議なもので、真剣に考えていたら、カフェの未来を示唆するようなイベント企画から声がかかったり、仲間との対話の中でヒントをもらったりして、「信頼できるつながりの見える化」というキーワードがでてきて、以降、ビジョンが見えてきました。

カフェは開催当初から、参加者同士が互いの活動をさりげなく支援し合えるような関係を深めてきました。とはいえ「ゆるいつながり」を大切にしたくて、あえてネットワークを明確にはしてこなかったのです。

しかし、介護の未来のために、介護業界全体が大きく変わる必要があるタイミングを迎えて、ゆるすぎては停滞すると気づきました。

とくに地方では信頼できるつながりを求めていると思うので、地方で介護の未来をつくるために奮闘している人をサポートする意図もあって、つながりのあり方を見直します。

より社会性のある取り組みをしていくための1つの手段として、カフェもNPO法人化しますが、これまでのつながりを少し形の見えるものにし、持続可能なものにしていきたいと思っています。

あなたもカフェを！

私は、私の思いを話す場をつくりたく、カフェを開きました。それは、だれより自分のためになったので、ちょっとでも「やってみたい」と思うなら、主体的にカフェを開催することをおすすめします。

参加しても楽しいカフェですが、主催するのはもっと楽しい。そこで、この本では第３章で取り組みの参考にしていただけるように、簡単な解説と方法も紹介します。

とくに、地方では地域内の人の交流や情報が乏しいと聞いています。自ら地域の介護の未来をフラットに対話する場を設けませんか。人を集めるのが難しいなら、自分だけの１人カフェから始め、２人、３人と仲間を増やしてもいいでしょう。１人では荷が重いなら、信頼できる仲間と始めても。「未来をつくるｋａ・ｉｇｏカフェ」もサポートします。

地方に限らず、地域の中で異なる業界や価値観、世代をつなぐ人が、どこでも必要とされています。医療や介護業界の人に限らず、地域の中で人と人をつなぐ役割を、私たち介護職が担っていきましょう。

地域で介護を語るカフェを開催することは、地域の健康増進や見守り・看取り体制づくりを引っ張っていく核になることです。日常生活の場でケアをする介護職だからこそ、多くの人が望む高齢者の生活、エンドオブライフを創造・サポートでき、それを当たり前にしていく責任があります。

また将来、地域の安心な暮らしを担う人材の掘り起こしもできます。皆の未来のためにも対話が必要です。

Column　コラム「ド」

しあわせな仕事を「残念な仕事」に変えてしまうのはダレ？

「待っていたよ」「ありがとう」「またね」。20代の頃、訪問介護で高齢の利用者さんを訪ねるたびにかけてもらった言葉が、私に自信を授け、今も支えてくれています。

　自分にできることがある。人の役に立てている。自分の命や、仕事を尊く感じられ、もっと頑張りたいと思わせてくれました。

　介護の仕事のしあわせは、しみじみ、じわじわと感じる、そんなタイプのしあわせです。利用者さんから受け取る飾り気のない言葉に、いろいろな思いが詰まっていることは少なくありません。忙しく、別のことに気をとられていると、機微を感じられないときもあって、もったいない。「利用者さんの満足」から目をそらさない。いつも初心。その心がけで、じわじわっと豊かな気持ちが溢れてきます。

NATIONAL
FEDERATION OF

Column　コラム「レ」

多くの仲間との交流が、カフェをどんどん広げていきました

　最初の頃と比べると、この頃のカフェの参加人数は格段に増えました。参加者間にカフェ以外の場所での交流も広がっているので、カフェをきっかけとしたつながりは、全国的なものに。カフェに参加した人の感想を聞いて、カフェに参加したいと思ってくださる人が多いのはうれしいことです。人に語りたくなるような体験、出会いがあった、というのがうれしい。

　普段はまったく接点のない仕事をしている者同士でも、同じ介護というフィールドに関わる仲間がいるのは心強いこと。立場も、職場事情も関係なくフラットに話せる。そんな人脈をいつの間にかもてていて、それぞれが１人で立っているけど孤独じゃない。同じ方向を見ている信頼がある。仲間って、ありがたいです。

「未来をつくるｋａｉｇｏカフェ」はこれまで延べ3000人が、50を超えるテーマで対話を繰り返してきました。それらのテーマは介護に携わる人が共有する「理想の介護とはどのような介護か？」「介護の現状を変え、未来をつくるには？」「介護職が成長し、介護職という仕事が魅力あるものになるには？」という永遠の課題から、さまざまな切り口で選んできました。

この章では、過去に開催されたカフェの模様を交え、カフェで「理想の介護」「介護の仕事の本質」「介護職のスキルアップ」などについてどのような対話があったか、また、私自身はどう感じ、考えているかをまとめます。

第2章

「未来をつくるkaigoカフェ」で見つけました

「理想の介護」を見つけたい

Summary

● 理想の介護のあり方は「利用者本位の自立支援」に尽きる。この、だれでも知っていることができないのは、「利用者」は他者で、介護職自身が介護を受ける当事者になることをイメージしていないからではないか。他者が「未来の自分」であったなら、「受けたい」と思える介護ができているか。できていないなら改善すべきところはどこか。自分ごととして問い続け、試行錯誤し続けることが求められる

●「老後」「介護」「介護予防」「認知症ケア」の固定観念から離れ、個々の生活の「伴走者」をめざしたい。地域のニーズ、目の前の人の困りごとに向き合い続け、実践を重ねていく後から制度や仕組みがついてくると信じたい。また、「未来の利用者」へどのように生きていきたいか、病気になったら、介護が必要になったら、どのような医療・介護が受けたいか、考えておくことの大切さを啓発することも重要な役割

● 介護を変えるのはこれから。ピンチをチャンスにできたら夢は叶う。現実を変えていくには夢やプランを語ることから始め、後には引けないところまで自分を追い込もう。情報収集し、プランを立て、実行し、必要に応じて変化するすべての過程で「対話」が不可欠だ

いつかはだれもがたどる道
我がこととして理想を問い続ける

理想と現実のギャップ

専門職による介護とはエンパワメントの視点で利用者の自立を支援することで、利用者本位の支援であるべきと、介護の教育を受けた人ならだれもが学んでいます。つまり、それが理想の介護のあり方です。

しかし、多くの介護職は業務に追われる中で理想と現実のギャップを感じ、「これが、自分が望んだ介護の仕事だろうか？」と悩みます。忙しい仕事中は忘れていたとしても、介護する側本位で管理・運営していることの多い現実は介護職を傷つけ、自信を喪失させてきました。

では無理な「理想」は本当に理想的なのでしょうか。

言葉だけ、宙に浮いていないか。現場でリアルな「理想の介護」とはどのようなものか。それを実現するにはどうしたらいいのか。

多くの現場で、負のスパイラルの原因となるギャップをなくす努力は、介護の未来を創造するためには避けて通れないことなので、介護に関わるすべての人の課題です。

私の介護はどうなる？

２０１５年9月27日、上智大学のケアフェス２０１５のワークショップの1枠で、カフェの出張企画「介護する私の老後をだれがみる？」を開催しました。ＮＰＯ法人成年後見推進ネットこれからとの共催でした。

ケアフェス２０１５は子育て、介護、看護、看取りなど、さまざまな場面におけるケアの当事者が自ら情報を発信したり、参加者同士で対話したりできるイベントで、ケアに関係する多数の団体がセミナーやワークショップ、展示を行いました。

家族会や一般の介護者、看取り経験者、当事者、学生、ジャーナリスト、医療・介護の専門職が垣根なく話せる場は貴重です。出張カフェも「介護をする側」も「受ける側」も関係なく、カフェ常連のメンバーも加わって、テーマについて対話できました。

その際、対話で参加者と共有したことは、今は介護をしている人も、いつ介護を受ける側になるかはわからないし、だれもが等しくいつかは介護を受ける可能性をもっている、という〝当たり前〟の確認でした。

そしてその確認から「そのとき、どのような介護が受けたいか」という話に及び、その答えはその人がどのように生きたいかによって異なるということも確かめ合いました。

言葉にしてしまうと、どれも〝当たり前〟に感じるようなことかもしれませんが、参加者それぞれが自分のこととして語る言葉を聞くとリアリティがあり、教科書的な「理想の介護」との隔たりを思いました。

介護をする側の私としては、まず「自分のイメージしかできない自分」を認識したこと、そして、だからこそ自分が「受けたい介護」を突き詰めなければならないと気づけたことが収穫だったと思います。

「自分なりの自立とは?」「介護される側になっても主体的に生きるには?」など、さまざまなキーワードをいただいて、自分のこととして老いを考えたとき、「自立支援」という言葉の意味が変わります。

もちろん実際に介護を受ける側になれば、また、変わっているかもしれませんが、今、イメージする未来の自分は「助けてもらうことが増えても、私は私。できるだけ主体的に生きたい。たとえ小さなことでも自分で決めたい」そう願っています。続いてきた人生の〝今〟という瞬間に、「老後」とか「介護予防」などという言葉を使われることにも抵抗を感じているように思います。

日々の介護の現場では、他者である「利用者」をそんな「未来の自分」と重ね、提供している介護は「自分が受けたい介護か？」を問い、試行錯誤するよりありません。そうしながら他者である「利用者」を理解していき、利用者本位に近づいていくよりないのだとある意味〝非力〟を認めることは、ちょっとすがすがしい気持ちですらあります。

教科書的な「理想の介護」は、現場ではひとまず脇に置いておいて、自分とも、個々の他者とも向き合い続ける覚悟が必要です。

介護のプロフェッショナルとして冷静な状況判断や職業倫理をはたらかせるのは当然のこととして、その上でおおらかに、全人的な感覚で動く勇気をもたなくてはなりません。

そして、介護職が老いや介護を自分のこととして考える以前に、仕事や生活の不安などから年齢を重ね、老いていく過程をイメージできないとしたら、老後の生活のイメージも描きづらく、理想と現実のギャップはいつまでも埋まらないと思いました。やはり介護職は自身のライフプランも具体的にして、実現し、いきいきと老いていかなくては。若い人から「さすが介護職をしていただけあって、いい年の取り方をしているよね」と言われるぐらいになりたいものです。

そんなことまで考えると、まだまだ「介護の未来」をイメージし、つくっていくための課題は山積み。

そんな実感とともに、モチベーションが高まった出張カフェでした。

上智大学ケアフェス
介護する私の老後をだれがみる？

金本麻里子さんの発表。
「ケアリングクラウンの活動を通じて、あたたかい人との交流が人生を豊かなものに変えていきます」

藤原瑠美さんはジャーナリストの視点で北欧でのレポートを発表。「日本らしい最期の迎え方とは一体どのようなものか？」視野を広げて考える機会に。

改めて家族の立場なら、自分が介護を受ける側になったら、など
「当事者として、どうありたいか？」想像力を膨らませることができました。

役割に立ち返る

リアルに「理想の介護」を実現している介護現場がまったくないわけではありません。カフェではこれまで、管理者とスタッフが「利用者本位」を軸に、ＩＣＦ[※1]の定義で利用者をアセスメントし、エンパワメントの視点で利用者の自立を支援して、利用者のＱＯＬ[※2]やＩＡＤＬ[※3]を上げている事例をいくつもご紹介してきました。

実際にそのような介護を提供している事業所の管理者の話を聞くと、理屈は後からついてきていて、ただ目の前の利用者がハッピーに過ごせるよう、あれこれ工夫してきたのだとわかります。そういった事業所には必ず利用者本位の姿勢を崩さない管理者やリーダーがいます。

結果的に、言葉にすれば利用者本位、ＩＣＦの視点、自立支援、ＱＯＬ・ＩＡＤＬ向上ということになるのだけれど、もっと自然な思考と行動で利用者の生活を見守り、支え、伴走しているのです。特徴的なのは介護を抱え込まず、地域を含め周囲の資源も活用、連携を実現している点かと思います。

２０１５年10月17日、長野県岡谷市で開催したカフェは、新旧宅老所文化をつくってきた松本徳弥さん（かいご屋代表）、大石ひとみさん（わが家代表）、今井祐輔さん（和が家代表）をゲストに招き、３氏のセッションをうかがった後、参加者は「宅老所の精神をケアで活かすために、進化、発展させていくには何が必要か」というテーマで対話するものでした。

宅老所とは民家などを活用し、家庭的な雰囲気の中で、利用者１人ひとりの生活リズムに合わせた柔軟なケアを行っている小規模な事業所です。

大規模施設では落ち着けない、あるいは施設では受け入れてもらえない認知症高齢者にも安心して過ごしてもらいたいと願う介護経験者や元介護職員・看護職員などによって始まり、その流れから「逆デイサービス」や「ユニットケア」「地域共生ケア」「小規模多機能ケア」などの実践を生み出すなど、日本の介護や福祉のあり方に一石を投じ、制度や仕組みづくりに影響を与えてきました。

サービス形態はさまざまで、通い（デイサービス）のみを提供しているところと、泊まり（ショートステイ）や自宅への支援（ホームヘルプ）、住まい（グループホーム）、配食を行っているところもあります。

利用者を高齢者のみに限っている事業所もあれば、障害者や子どもなど、支援の必要な人すべてを受け入れている事業所もあります。

運営は、介護保険法や自立支援法の指定事業所になっている場合もあれば、利用者からの利用料だけで運営している、あるいは両者を組み合わせて運営している場合もあります。

「老後」「介護」「介護予防」「認知症ケア」の固定観念にとらわれず、身近にいた「支援を必要とする人」と真摯に向き合い、どうしたらニーズを満たすケアを実現することができるか考え、実践してきたというお話をうかがって、参加者間の対話では「制度や仕組みありきの介護から抜け出し、介護の原点に返る必要性を感じた」という声が上がりました。

「介護保険の財政が破綻寸前と言われる中での事業所経営を考える上で、とても参考になった」という声も聞かれました。

また、私は始める勇気と続ける覚悟、3氏の思いの強さを知り、このような先駆者の実践によって制度や仕組みが変わってきたことに感謝し、これからもそうであると信じて、自らも実践者でありたいと思いました。

こうしたことは、別の機会にも感じたことがあります。千葉県船橋市にあるサービス付き高齢者向け住宅「銀木犀」にて、経営者の下河原忠道さんからお話をうかがった後、参加者一同で「高齢者住宅に求められるものは何か」というテーマで対話した際にも「介護をする場」ではなく「生活の場」をつくることが利用者本位であることを共有しました。ゆえに社会とのつながりや生きがいの創造なども介護職の重要な役割だということになります。

今後、利用者本位の介護のスタイルを創造・実践していく上では、介護職が地域にどのような資源があり、活かせるか、どのような連携が可能かなども考慮して「地域づくり」を進めていく必要があることを実感しました。

そして、その中では一般の「未来の利用者」へ死生観をもつ大切さを啓発していくことも務めだと考えます。

利用者本位を実現するには、利用者がどのように生きていきたいか、病気になったら、介護が必要になったら、どのような医療・介護が受けたいか、最期まで主体的であることが前提です。介護のプロフェッショナルとして、健康増進の自助の責任と、医療や介護を受ける際に不可欠な主体性について、意識改革を促すことは使命ではないかと思います。

宅老所文化を進化・発展させるには何が必要か？

TOILET

身近な困っている人の困りごとをどうしたら解決できるか？

目の前のたった１人のニーズにこたえていくことこそがケアの原点なのだということを再確認。地域づくりを進めていく上での大切な気づきに。

初めて関東近郊を出ての開催となった、長野県岡谷市「えんがわカフェ食堂」での出張カフェ。諏訪湖近くの木のぬくもりあふれる落ち着いたカフェで、長野の皆さんと対話。素敵なご縁に感謝です。

カフェからほど近い諏訪湖にて。ちょうど天気もよく、豊かな自然を満喫する時間をもつことができました。

これからの高齢者住宅に求めるものは？

サービス付き高齢者向け住宅銀木犀薬園台にて。間接照明と落ち着いた空間で、普段のカフェ以上にリラックスした対話に。

高齢者住宅のこれからについて、下河原忠道さんのお話。管理しない介護、看取りまでできる高齢者住宅としての取り組みを、熱い思いとともに語っていただきました。未来への可能性がますます広がります。

郵便はがき

料金受取人払郵便

神田局承認

3241

差出有効期間
平成30年6月
30日まで切手
はいりません

101-8791

528

(受取人)
東京都千代田区神田岩本町
四ー一四
神田平成ビル

株式会社
日本医療企画
営業本部 行

お名前《フリガナ》

(男・女) 年齢 歳

ご住所(〒 ー)

e-mail:

お電話 ( )
FAX ( )

ご購入書店名 市・区・町 書店

□ 日本医療企画発行図書目録希望 ●ご希望の方には無料で郵送いたしますので、□欄に✓印をしてください

『介護を変える 未来をつくる』

『介護を変える 未来をつくる』ご愛読者カード

★ご購読ありがとうございました。今後の出版企画の参考にさせていただきますので、ご記入のうえ、ご投函くださいますようお願いいたします。

《本書を何でお知りになりましたか》

1. マスコミの記事を見て（新聞・雑誌名　　　　　　　　　　）
2. 広告を見て（新聞・雑誌名　　　　　　　　　　）
3. インターネットを見て
4. 店頭で実物を見て　　　5. DMを見て
6. 講演、セミナー、その他（　　　　　　　　　　）

《あなたのご所属・専門職種をお教えください（できるだけくわしく）》

1. 学生（　　　　　　　　　　）
2. 介護職（　　　　　　　　　　）
3. 介護事業経営者（　　　　　　　　　　）
4. 介護施設経営者（　　　　　　　　　　）
5. その他（　　　　　　　　　　）

《本書の内容についてどう思われましたか》

1. 一番関心を引いた項目は何ですか
（　　　　　　　　　　）
2. 不足していた項目は何ですか
（　　　　　　　　　　）

《本書をご覧になったご意見・ご感想をお聞かせください》

....

....

....

....

《著者に伝えたいメッセージがあればお聞かせください》

....

....

....

....

ご協力ありがとうございました。本カードにより取得したお名前、電話番号等の個人情報については、目的以外での利用及び無断での第三者への開示は一切いたしません。
※なお、当社から各種ご案内（新刊・イベント）、読者調査等のご協力のお願いに使用させていただいてもよろしいですか。

□ Yes　　　□ No

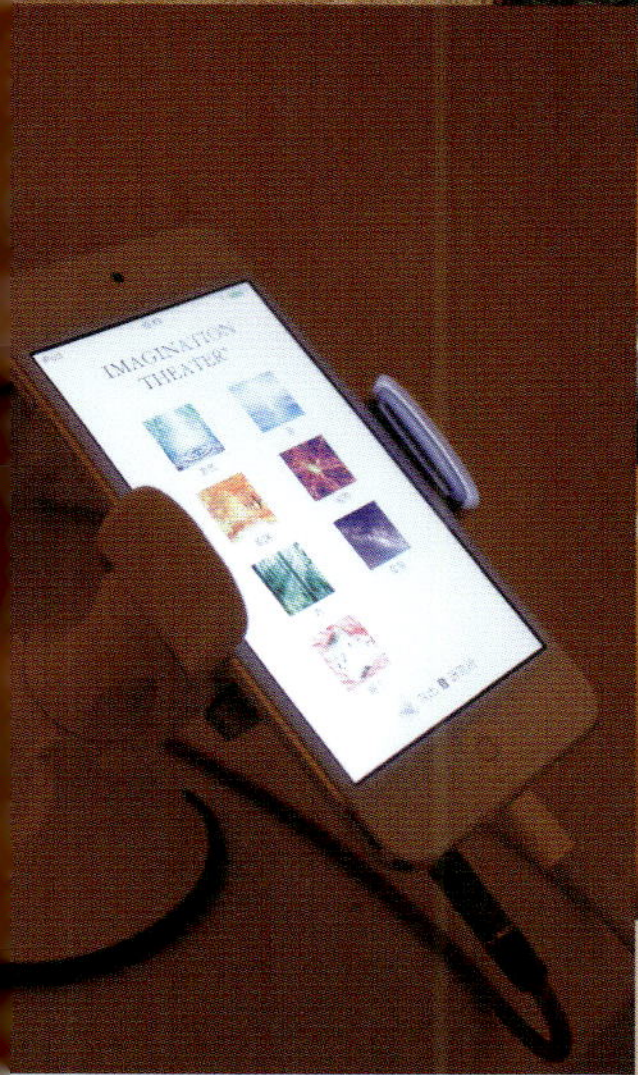
IMAGINATION
THEATER

価値の転換を図る

カフェではこれまでおおむね半年に1度、参加者に自分自身の生活プランを宣言してもらう機会を設けてきました。テーマは「これからの夢、プランを共有しよう！」です。

介護職は、介護が必要になった利用者（多くは自分の身体、体調、環境などの変化によって混乱している利用者）がどのように生きたいか、強みは何かを引き出し、生活の質を高めるためのプラン（ケアプラン）にのっとって介護を提供します。

また、これからは元気な高齢者や若い人にも、自分の人生をどのように生きるか、ビジョンをもってもらえるよう促していかなくてはなりません。医療や介護が必要になったとき、ビジョンがなく、受け身でいるのは幸せではないという「価値」を標準化していく責任があります。

そして、そんな介護を提供する側の私たちも、他者のことばかり言っているのではなく、自分自身がいきいきと過ごし、自分なりに思い描く人生を実現するために、自分と向き合い、強みは何かを考え、どのように生きたいか、生活の質を高めるためのプランを明確にしておくことが大切だと思います。

過去のカフェでは、家族介護をしながら働いていた女性が「２泊３日の出張に行けるようになりたい」と宣言したことがあり、彼女はその後、改めて自分の置かれた環境や使える資源を見直し、望み通りの出張に行くことができる体制を整えました。もちろん聡明で、意志が強い人だったから数カ月で夢を叶えたのだと思いますが、仲間と夢を共有したことも、夢の実現に一役買ったのではないでしょうか。

自分と向き合うと、うんざりするような現実ばかり見えるかもしれません。

私もかつて利用者本位のケアができない職場で勤務していたとき〝八方ふさがり〟だと思ったこともあり、とても夢などもてない気分でしたが、このピンチを変化のチャンスにしなければ、ずっとこのままだと自分に言い聞かせ、自分と向き合いました。

そこで〝八方ふさがり〟を変えたい気持ちをＳＮＳで発信し、カフェを開くようになり、仲間を得て、未来を見出したのです。それからは叶えたい夢が増えて、１つずつ実現していける自信をもてるようになりました。

ピンチをチャンスに、弱みを強みに。価値を見直し、転換できたら、夢を叶えることができます。漠然と思っているのではなく、夢やプランは言語化し、仲間に伝えることで、弱みの中にある転換点を見出し、動くことができるようになります。日常の中で重くなった腰を上げるには、後には引けないところまで自分を追い込むというのも「弱みを強みに変える」ことになるのです。

そして仲間に夢を語れば、励ましや、思いがけない気づきがもらえます。自分のことを他者から教わることはよくあることです。

夢を叶えるために情報収集し、プランを立て、実行し、必要に応じて変化させていくときどきで、独りよがりにならず、実現の可能性を高めるために対話が役立ちます。

※1　ＩＣＦ　障害の分類に関する国際的な共通の定義で「International Classification of Functioning, Disability and Health（国際生活機能分類）」の略。生活機能と障害を「心身機能・身体構造」「活動」「参加」の３次元及び「環境因子」等の影響を及ぼす約１５００項目に分類しており、プラス面から障害を見る視点と環境因子の影響等の観点が加えられていることが特徴的

※2　ＱＯＬ　「Quality of Life（生活の質）」の略。医学的処置によって得られる生命の長さだけではなく、人が人間らしい望み通りの社会生活を送れているか評価する概念

※3　ＩＡＤＬ　「Instrumental Activity of Daily Living（手段的日常生活動作）」の略。日常生活を送る上で必要な動作のうち、ADL（Activities of Daily Living／日常生活動作　食事や排泄、整容、移動、入浴等）より複雑で高次な手段的動作のこと。たとえば買い物や洗濯など家事全般、金銭管理や服薬管理、外出して乗り物に乗る、趣味の活動も含む

これからの夢、プランを共有しよう！

夢は人に話すことから。黙っていては叶いません。
プランを共有することで夢の第１歩がスタートします。

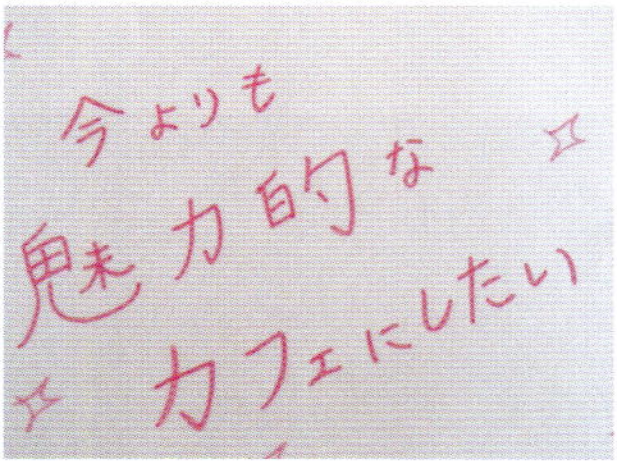

私自身は「魅力的なカフェにするには」という永遠のテーマに向き合うことができました。

対話が福祉の未来をつくる

毎年２月、日比谷公会堂（東京都千代田区）で開催されている若手介護人材に向けたイベント「日本の福祉現場力を高める研究大会」にて「対話が福祉の未来をつくる」というテーマで講演。客席の皆が自分のプランを頭上に掲げ、これから実現させたい夢を共有。会場全体が前向きなパワーの溢れる場に。

壇上では、現場の介護職や介護家族、学生らがそれぞれの思いをプランに落とし込み、発表しました。皆、すがすがしい表情で、これからのビジョンを話す姿に、見ている私もわくわくしました。

「介護の仕事」を変えたい

Summary

● 介護職の本分は自立支援。生活に寄り添う介護職だからこそ、健康寿命をのばす「結果を出す」サポートができる。一方、これからは認知症のケアと看取りケアが介護の柱になる。とはいえ要介護者がどのような状態であれ、介護職が提供する介護の軸は変わらない。理想を言えば、老年期から継続的なケアが必要

● 地域で仲間を増やし、地域の介護力を高めていくのは介護職の役割。地域の資源や地域住民との連携も必要で、地域をコーディネートする意欲をもち、行動したい

● 制度改正から改正点に込められたメッセージを読み取ることが大切。未来に通用する地域包括ケアを実現するために、介護職の創意工夫が試されている。医療保険制度や介護保険制度の改正について立場が違う人が語り合い、情報をどのようにとらえ、活用しようとしているかを学ぶことも重要。改正のピンチをチャンスに変えるため、異業種、経営などについても学び、広く対話を。介護職は自ら業界の外へはたらきかけよう

自立を促し、支えることが介護の本分
認知症・終末期の人の生活支援も同じこと

〝生きててよかった〟を最期まで

4年間のカフェでの対話を通じて、私自身が改めて介護の本分として心に刻んだことは「介護職は自立支援の専門家であれ」ということです。

そして、医療や看護以上に、利用者の生活に密着して支援ができることを強みとして、利用者のみならず、周囲の人（家族）も含めて、健康増進に努めることの大切さ、たとえ病気や障害があっても自立した人生を過ごす素晴らしさを伝え、健康づくり、自立のモチベーションを上げて、結果を出すことで、大いに社会貢献できる仕事だと思っています。

あの介護職が支えてくれたから、最期まで〝生きててよかった〟と思えた。最期まで生き抜いたという結果を出し、そんなふうに評価を得る介護を極めたいのです。

健康寿命をのばしたい

２０１５年11月14日には「健康寿命をのばさナイト」と題したカフェを開催しました。佐々木淳さん（医師、医療法人社団悠翔会理事長・診療部長）からお話をうかがった後、佐々木さんを座長として６人の背景の異なるプレゼンター（稲見絹子さん　保健師、吉川市健康福祉部／白岡亮平さん　医師、医療法人社団ナイズ理事長／藤井寿和さん　レクリエーション介護士、福祉クリエーションジャパン代表／藤巻弘太郎さん　歯科医師、赤坂デンタルクリニック院長／森田千雅子さん　管理栄養士、医療法人社団悠翔会／横川敬久さん　介護福祉士、NPO法人laule'a理事長）に、「健康寿命をのばすには何が必要か？」というテーマでプレゼンテーションしていただき、その後、参加者間でテーマについて対話しました。

対話では、年齢で区別している高齢者の概念を見直し、高齢でも、障害があっても、社会参画し、働くなどしていきいき生きることができる社会の素晴らしさを伝え、実現する必要を共有するとともに、そのためにも自分自身の健康を自分で保っていく責任があると考えさせられました。

介護を必要とする人が増え、介護職が関わるのは要介護度が高い人だけになるなどと言われますが、国の未来や財政のことを真剣に考えれば、生活に密着したケアを行う介護職こそ、主体的な健康増進（病気や要介護状態になることの予防、重症化予防）を支援するところで専門性を発揮したいものです。

健康寿命とは「健康上の問題で日常生活が制限されることなく生活できる期間」のことですが、日本人の場合、平均寿命と健康寿命に約10年の開きがあります（男性9・02年、女性12・4年／2013年）。

言うまでもなく健康づくりや重症化予防の要は生活習慣にあります。

高齢者や家族の生活の場に身近な私たち介護職が、地道に生活習慣の維持・改善を訴え、支え、健康寿命と平均寿命の差を減らす結果を出さなければならないと思うのです。

そして自主的に健康づくりに取り組むには〝生きがい〟が必要です。

元気なときから、最期まで主体的に生きる意味を感じてもらう。その人の意欲の源を見出し「なるべく自立していたい、サポートがあればできる」というモチベーションや自信が保たれるように援助することが求められます。

それは認知症の人や、看取りの段階にある人とその家族に対しても同じです。要介護者の状態に合わせて、軸のブレない、継続的なケアをすることが望ましいでしょう。

今後、重症化した人と関わることが増え、自立支援より認知症ケア、看取りケアこそが介護の本分で、専門性の発揮のしどころだという流れになるかもしれませんが、その前の「自立支援」の段階は、認知症になったとき、また、終末期にどう生きるかにも備えるとても大切な時期で、介護の専門性をもつ人が関わる必要性を感じています。

健康寿命をのばさナイト

BLACK
茶
BLACK

充実したプレゼンターのお話に、いつもよりも時間はかなり押し気味に。後半の対話も盛り上がり、凝縮した活気のある対話になりました。最後には、それぞれの健康を維持するための秘訣を画用紙に書いて共有。

医療法人社団悠翔会理事長で訪問診療医の佐々木淳さんから問題提起をしていただきました。ご自身も糖質制限など健康を維持するために実践されています。今回のテーマに合わせて当日のスイーツはヘルシーなものをチョイス。

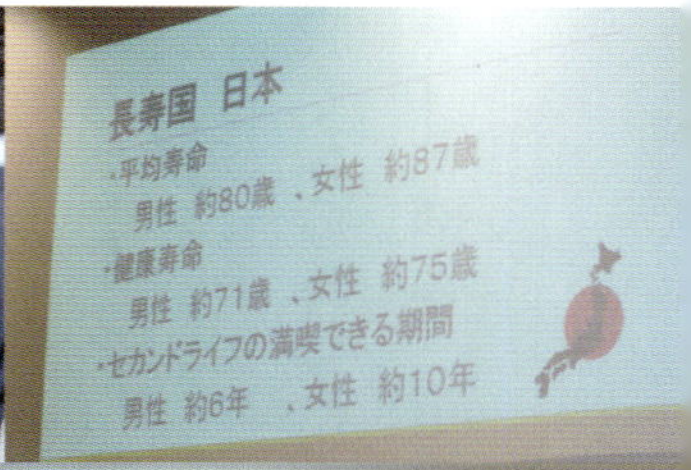

健康寿命について、意見交換。さまざまな視点から健康を維持するアイデアはとても参考になり、すべては健康がベースにあってこそ、ということを再確認できたカフェになりました。

地域力を上げる場をつくる

２０１５年9月11日に開催したカフェは、ゲストに暮らしの保健室（東京都新宿区）を運営されている秋山正子さんを招き、「地域に暮らしの保健室をつくるには?」というテーマで対話するものでした。

秋山さんの暮らしの保健室がある戸山団地は、高齢化率が50％を超え、都心の限界集落と呼ばれる環境にあります。立ち上げたきっかけや経緯、現在の取り組みについてお話をうかがいました。

その後、プレゼンターの小泉圭司さん（元気スタンドぷりズム代表社員）、菅原健介さん（株式会社ぐるんとびー代表）から、それぞれの地域での暮らしの保健室の取り組みやこれからのビジョンについてうかがいました。

いずれも生活の場（地域）で気軽に困りごとを相談できる場所です。対話では、高齢者を対象とした場合に治す医療から支える医療へシフトチェンジが望まれていて、時代が求める支援の場所がどこの地域でも必要なことを共有しました。

行政・地域の他の専門職、ボランティア団体、市民も含め、フラットな関係をつくることで、仲間を増やし、地域力を高めていく。

団地の空き店舗の一室で、さまざまな人が参加しやすい講座やセミナーを開くなど、多くの人を巻き込むしかけをつくる。ちょっと話を聞いてもらいたい、だれかとおしゃべりしたい、つながっている安心感を提供する場所にする。

介護職が地域づくりに取り組む上でも示唆のあるお話をうかがって、参加者それぞれが今、自分が取り組めることはどのようなことか、行政との関わりはどうなるかなど、未来のビジョンを深めることができた貴重な機会でした。

今後、介護が広域で社会貢献できる仕事となっていくには、フォーマルにせよ、インフォーマルにせよ、制度にとらわれすぎない発想で新しいサービスを創造していく必要に迫られていること、そうしたサービスを実現するには介護力を高める地域づくりが必要なことを確認したカフェでもありました。

私たち介護職が意識的に地域をコーディネートしていく。その意欲をもち、行動しなくてはならないと思います。

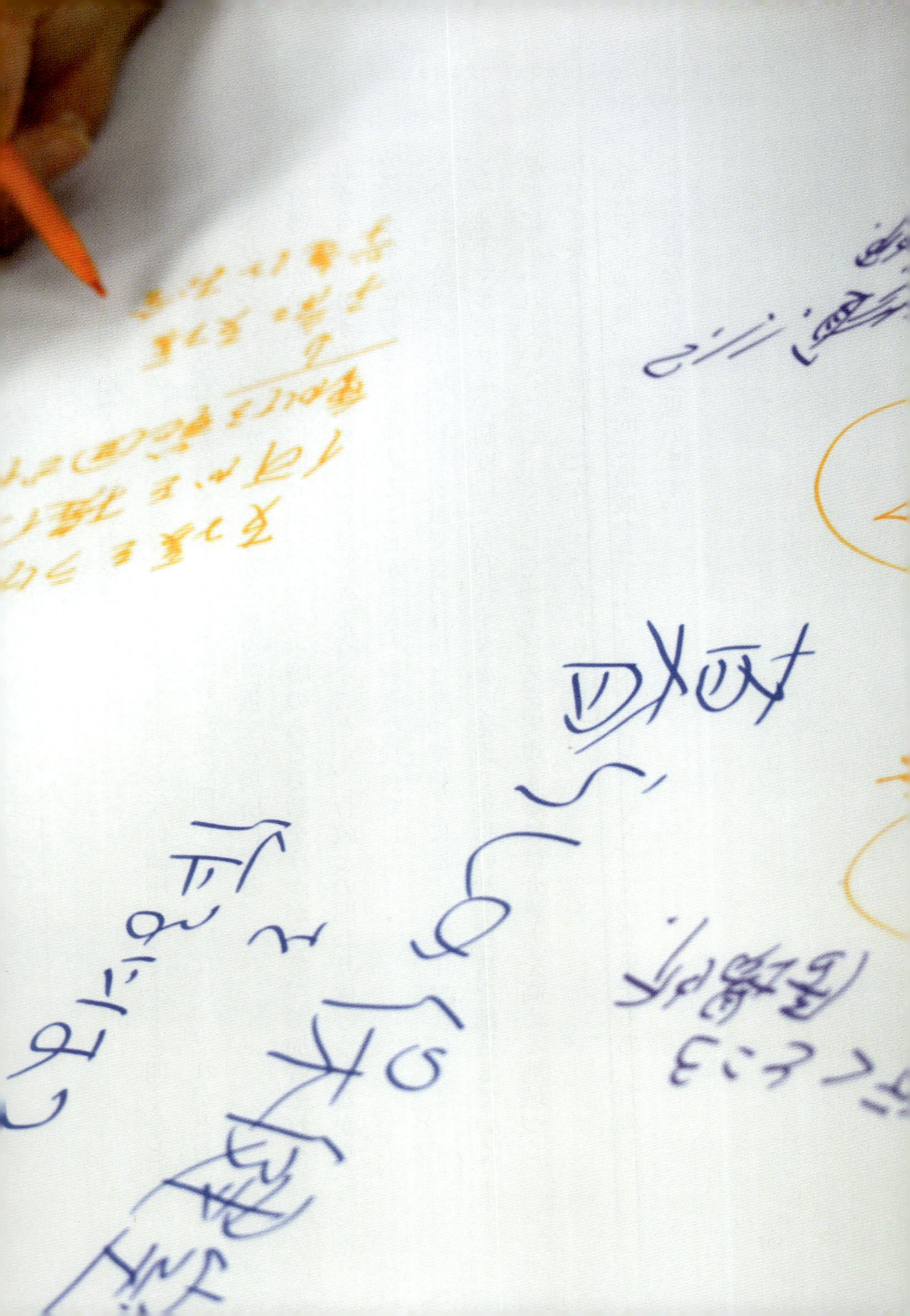

地域に暮らしの保健室をつくるには？

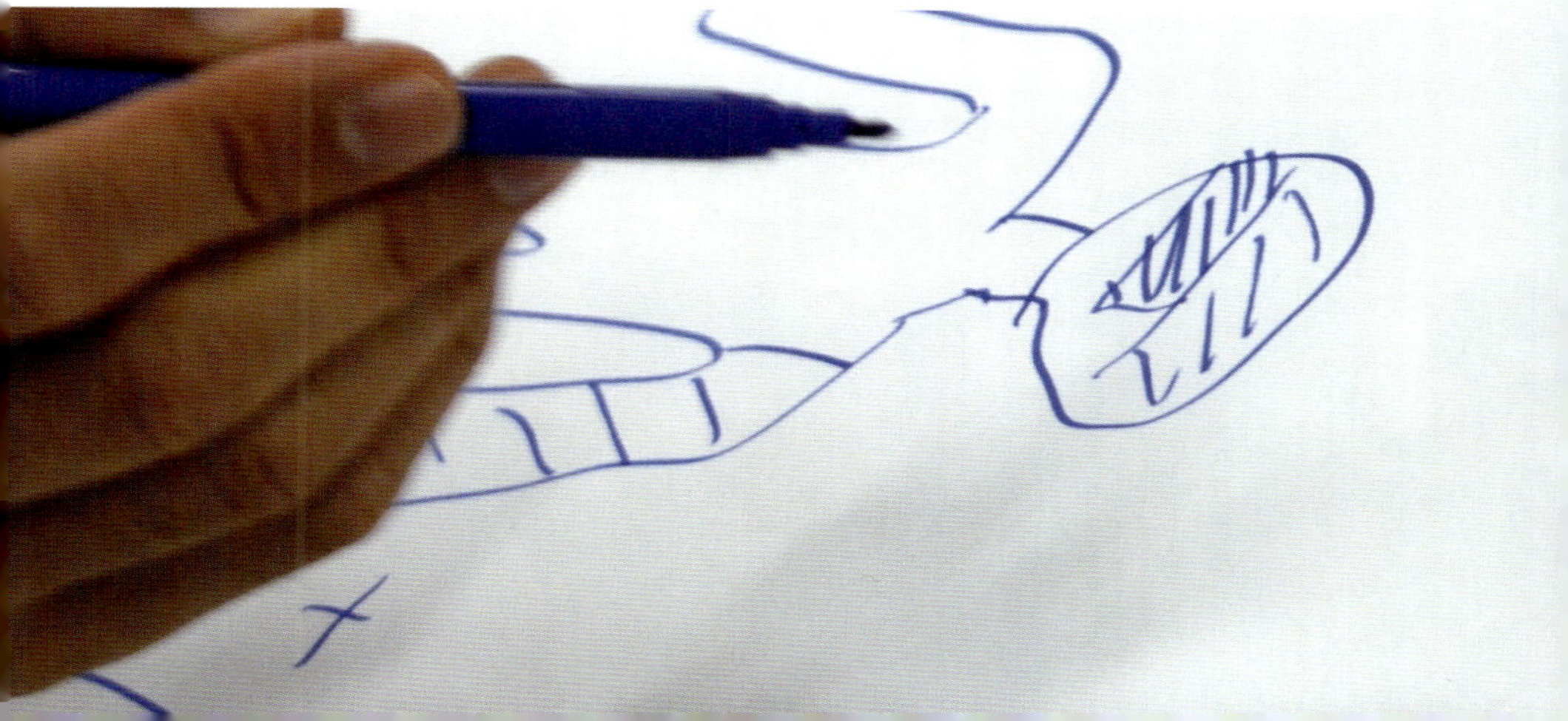

暮らしの保健室・室長の秋山正子さんから保健室を立ち上げるきっかけや運営していく上で心がけていることなどをうかがいました。だれもが気軽に立ち寄れる場として、新たな人が訪ねてきやすい工夫がいろいろあり、カフェを運営する私自身にとっても学び多い時間に。

暮らしの保健室の取り組みからさまざまな地域ごとの課題が浮かび上がってきました。自分たちの地域でつくるとしたら？ どんな資源が必要？ など熱い対話が交わされました。

ピンチこそチャンス

制度や仕組みの枠は、ときとして介護の仕事をしている人にとって悔しいものであることは否めません。しかし、嘆いても、文句を言っていても仕方がありません。むしろよく知る努力をして、制度改正などの折には改正点に込められた未来へのメッセージを読み取り、先手を打っていくぐらいになりたいものです。

地域包括ケアの構築とは、今までなかったものをつくるという話ではなくて、過去にあった暮らしの場の自助・共助を今に合った形にして復活させるということです。そこに介護職の創意工夫が試されていて、未来に通用する〝再生〟を創造していかなくてはならないと考えます。

1人の介護職、1事業所では難しいかもしれませんが、さまざまな立場の人がテーマを共有し、対話すれば、いろいろな視点から見ることも可能で、読み取るメッセージもさまざまです。

どう対処していくかは個々で違っても、介護に関わり、業界を牽引していこうと志す人が同じ方向を見ている意味は大きいのではないでしょうか。

介護の世界に対話の場が必要であったのと同じで、地域にも対話の場が必要です。「未来をつくるｋａｉｇｏカフェ」は、地域の未来をデザインし、主体的に場づくりをしていく介護職をサポートしていきます。

２０１５年３月26日に開催したカフェは「改正ナイト」と題して６人のプレゼンター（小杉輝男さん　居宅ケアマネジャー／辻丸佳代子さん　訪問介護員、ＮＰＯ法人介護支援グループすきっぷ／都築理美さん　介護福祉士、小規模多機能型居宅介護／増田直美さん　ホスピタリティプラネットメンバー／三浦祐一さん　社会福祉法人天祐理事長／山出貴宏さん　生活維持向上倶楽部「扉」代表）に、それぞれの立場から、現状や、改正にともなう変化、課題などについて話していただいた後、テーブルごとに「これからどんな姿勢が求められているのか」「変化に対してどのように対応する必要があるか」など、思いや課題意識を共有しました。

対話では、重なるマイナス改正がある中でも、ピンチをチャンスにする視点をもつことや、諦めず行動することが必要だと、さまざまな立場で介護に関わる仲間と共有できたことが何よりも価値あることと感じ、改正直前のタイミングで思いを新たにできて、勇気と活力がもらえました。

これから地域で必要とされるには「小規模な事業所だからこそできることを追求していく必要がある」という声も上がりました。

小規模な事業所にとって2015年の制度改正の影響は大きく、存続していくには「いかにお金がかからない方法でスタッフのモチベーションを高め、イメージアップをし、質の高い人材の確保ができるかが課題だ」とも。また、これからの介護事業は「理念をもち、地域に根ざしたものにしていく実践力がなければ経営できない」との声も上がりました。

地域はどのような資源を必要としているか、既にどのような資源があるのか、どのようにして地域資源（他職種や異業種）・市民と連携ができるのか。場合によっては、インフォーマルサービスの創造も視野に入れる必要があります。

これまでのカフェで、訪問美容や化粧・ネイル、ハンドセラピー、音楽アクティビティ、旅行、傾聴、移送などのサービスと介護を融合させた取り組みを行っている人がゲストや参加者に加わり、他の参加者に未来の可能性を感じさせ、刺激と気づきを与えてきました。

きっと、それぞれのフィールド・やり方で後に続く人も増えるでしょう。

介護業界は、異業種との連携に苦手意識があったかもしれませんが、これからはそうも言っていられなくなるのです。異業種について知り、一般的な事業経営について学ぶことも必要ではないでしょうか。

業界の外へ自分からはたらきかけていき、理念や思いを理解してもらい、ともに歩む仲間になるため、また、継続的な活動にしていくために、仕組みづくりをしていかなければなりません。

改正ナイト

重なるマイナス改正がある中でも、
諦めずに行動することが必要だと、
カフェの仲間と改正前のタイミン
グで思いを共有でき、勇気と活力
がもらえたカフェになりました。

改正をどう受け止め、前向きな
行動につなげていけるのか？
皆の知恵を集結させれば、どん
な改正も乗り越えていけるので
はないか？　と思わせるような
パワーが溢れる場に。

「自身の力」を高めたい

Summary

- 今後、他職種と円滑な連携を築くことも、介護職に求められるスキルの１つ。連携のために、互いに知り合う努力、それぞれの専門性の確立・発信が必要。介護職は気づきをつなぐ責任を自覚し、気づきを実践に落とし込もう。介護の看板を背負って、他職種と対話する気概をもち、日頃から他職種とケアについてフラットな対話ができる関係を築こう

- 介護職の離職を防ぐには「自信」と「やりがい」をもって働ける職場の体質改善が必要。管理者やリーダーは教育と評価を見直し、対話によってスタッフの強みを引き出し、可能性を信じ、「任せて、認める」繰り返しを。介護職自身も自分の強みをつくる主体的行動を

- 未来を担う子どもに福祉教育が必要。介護について知るのがマイナス面ばかりでは、職業の選択肢に入らない。地域社会に介護の魅力を語り、広めることは介護職自身を成長させる

熱意絶やさない人材育成・教育の充実を地域に未来の介護を担う種をまこう

多様に学べる

介護職に限ったことではありませんが、学校を出たり、資格を取ったりした後、学び続ける意識と行動がなければ、実力はつかないでしょう。現場でキャリアを積むだけでは時代遅れになり、未来を創造できないのです。

とはいえ学生と違って、社会人の学び方はいろいろでよく、なるべく異なる業種や価値観に触れることができるように、自分が引っかかることに好奇心が向くまま、素直に出会っていけたら、そのときは役に立つことがなさそうでも、いつか何か活きることがあるかもしれないと思います。

また、人に伝えたり、教えたりする活動の中には、気づきや学びが溢れています。地域づくりをめざし、地域のさまざまな人にはたらきかけること、世代や仕事の異なる人と関わることは、介護職にとって貴重なスキルアップの機会になります。私自身が、カフェ運営の経験からそのことを強く感じています。

連携の第１歩

２０１４年10月21日には「看護師ナイト」と題したカフェを開催し、まず看護に関わる３人のゲスト（桑原紀子さん　からだ学びサポート代表／小谷洋子さん　有料老人ホーム看護主任／山本千鶴子さん　看取り士、高齢者ハンドセラピスト養成教室主宰）からお話をうかがい、後に参加者間で「介護と看護が連携するには何が必要か？」というテーマで対話しました。

言うまでもなく、これからの介護職にとって、他職種との連携を考え、行動することがスキルアップに必須です。対話では、介護も看護も、ともに知り合い、それぞれの専門性について理解を深め、同じ方向を向いていくことが必要だと共有しました。

介護と看護は、業務内容がリンクする部分がある中で、介護のアセスメントと看護のアセスメントの視点の違いから、溝をつくってしまいやすい間柄です。その溝を埋めるために介護職が取り組まなければならないことは専門性の確立です。

対話では、介護職は「利用者と身近に関わる中で得た気づきを他の専門職へつなぐことを『重要な役割』と自覚し、責任をもたなくてはならない」「気づきを状況判断・予後予測・対応など、適切なイメージができる知識に落とし込み、専門性の一端としていくことも必要」「介護職の視点を言語化し、対等なコミュニケーションができるようになることも重要」などの声が上がりました。

一方、看護は医療的なリスク回避の視点だけではなく、地域看護や老年看護といった知識を更新し、エンパワメントの視点で利用者の生活を支えること。他職種の意見も聞き、対話して、医療と介護をつなぐ橋渡し役として機能していくことが必要と共有しました。

連携するには相手の価値観を理解し、違いを受け入れることで、やっとスタートラインに立てるのかもしれません。

これから介護と看護は、揺らぎやグレーゾーンも共有しながら、ともに「利用者の生活を支える」を共通の認識としていこう。最終的な成果は、利用者が「この年齢まで生きてきてよかった」と思ってもらうこと。そのために、利用者に関わる全員で「この人にとって生活の質を高めるとはどういうことか」について考え、その実現に向けて試行錯誤の連携をしていこう。

対話によって、ともにめざすビジョンを描くことができました。

描いたビジョンを実現するには、自分たちの業務を優先して考えたり、立場やプライドを守ろうとせずに、成果を忘れずにいなければなりません。

また臆せず、介護の看板を背負って医療・介護など他職種と対話する、そんな気概をもっていたいものです。

ケアについてフラットな対話ができるよう、立場や役職の違いを互いに理解した上で、日頃から雑談ができるような関係をつくっておくことも大切だと感じたカフェでした。

余談ですが、以前、利用者から、介護職と他の専門職との関係が以前に比べてよくなった、と指摘されたことがあります。スタッフ間の軋轢を察知していたものの、改善するまでは口にしづらかったようでした。

介護の現場は利用者にとって生活の場だというのに、スタッフの軋轢を感じさせてしまっていたことを申し訳なく思いましたし、利用者に安心して暮らしてもらうためにも、スタッフ間の風通しがよく、関係が良好なことが大切だと実感した経験でした。

看護師ナイト

介護も看護もともに「生活を支えていく」という視点をもつことの大切さを再確認。模造紙いっぱいに書き込まれた言葉の１つひとつから連携に必要なヒントが見つかりました。

他職種との風通しがいいフラットな連携が、利用者の満足につながっている、一番身近な専門職である、看護師との関係性はとても大切。これからも同じ方向を向いていきたい、そのためにできることは何か？　考えを深めることができました。

「自信」と「やりがい」

前向きに、自分の力を高めていきたいとの思いのある介護職が望み通りにのびていくには、介護業界の体質を改善しなければなりません。

なぜ介護職は離職する人が多いのか、離職を防ぐにはどんな対策が可能か、介護に関わる仲間と共有したくて、「介護職の離職」をテーマにカフェを開きました(2014年3月19日)。

カフェでは背景の異なる3人のゲスト(木村功二さん　株式会社GAライフケア代表/中島真樹さん　練馬キングスガーデン施設長/堀延之さん　埼玉福祉専門学校教員)のお話を聞き、それぞれの視点の違いから改めて広い視野をもって業界全体を見ていく必要性を感じました。

介護職の離職の原因というと「重労働」や「低賃金」を思い浮かべる人が多いかもしれませんが、それ以上に「自信」と「やりがい」を養う教育、評価がないことが問題ではないかと、改めて考えさせられたのです。

介護職に限らず、離職や転職を一概にいい・わるいと言うことはできません。前向きな判断の離職なら辞めることはマイナスではなく、人生の１つの選択です。

しかし、介護業界では前向きな離職・転職ばかりとは言えず、「専門職としてのキャリアアップの仕組みが明確でない」「将来にわたる生活設計ができない」などの理由で辞めてしまうこともあれば、「狭い社会の人間関係、信頼関係の再構築が大変」「転職できないから、今の職場にいるよりほかない」というような後ろ向きな気持ちで続ける人が少なくないことも問題でしょう。

対話では、「介護事業所は、求人広告などでも皆、特徴が似通っている」「強みをPRできていない」といった声も上がり、やはり事業所も介護職個人も、プラスアルファの強みをもつこと、それを発信していくことが大切だと感じました。

そして、その強みは必ずしも資格のようなものではなく、現場で求められる実践力こそ強みとして意識的にアピールしていく必要があるでしょう。

利用者の心の動きを敏感に感じとることができるコミュニケーション全般のスキルであったり、目の前の利用者にとって本当に必要なケアを本人はもちろん、家族や他資源との関わりなどから見極め、優先順位を考えて組み合わせる力や、目に見えにくい総合的な能力が、介護の未来を変える専門性だと教育し、評価することで、介護職それぞれに強みを意識させ、「自信」と「やりがい」を育む必要があると思います。

事業所の外へも、その点を強みとしてＰＲし、差別化したいものです。

多くの現場では業務をこなすだけで余裕がなく、１つひとつの仕事の振り返りも十分にできない現状があります。

報告書類なども書くことが目的になり、振り返り、明日の仕事につなげていく風土がなければ、なおざりになっていきやすい。そんな状態をだれも「おかしい！」と言わず、管理者はスタッフに〝できていないこと〟ばかり伝える。それではモチベーションが下がる一方ではないでしょうか。

そうではなく、管理者やリーダーはスタッフがチャレンジしたいことを聞き、スタッフの成長や業務改善の可能性を信じて「任せ、認める」を繰り返す。必要な教育の機会を設けるなど改めなければ、優秀な人材ほど去っていくでしょう。

また、管理者やリーダーはスタッフのどこを見て評価をするのか、「自信」と「やりがい」がもてる評価なのかを見直すとともに、どんな能力を求めているのか、スタッフに明確に伝えることも大切だと思います。

一方、スタッフ自身も自分の強みをつくるために具体的に何をするか考え、「やりたい」と声を上げ、行動する主体性が求められます。

ある程度は諦めずにチャレンジし、それでもダメなら前向きな転職を考える、働き方を見直してみるなど、自分の「自信」と「やりがい」は自分でつくり、守る努力をしたいもの。

そんな気持ちとチャレンジはムダになることはなく、どんな仕事にも役立つはずで、高みをめざすのがきっと自分のためになるはずです。

介護職の離職を減らすには？

学校や現場、人材育成の視点から、現状や課題、これからの展開について。介護人材不足の問題はこれからますます深刻になりますが、ゲストのお話は決して暗いものではなく、前向きな思いを引き出してくれました。

私の地元、練馬区の特別養護老人ホーム「練馬キングスガーデン」にて開催。通常開催で出張したのは初めてだったかもしれません。運営協力など、皆さんのフォローのおかげで安心して開催できました。離職は、業界全体の関心ごとだけに対話も盛り上がりました。

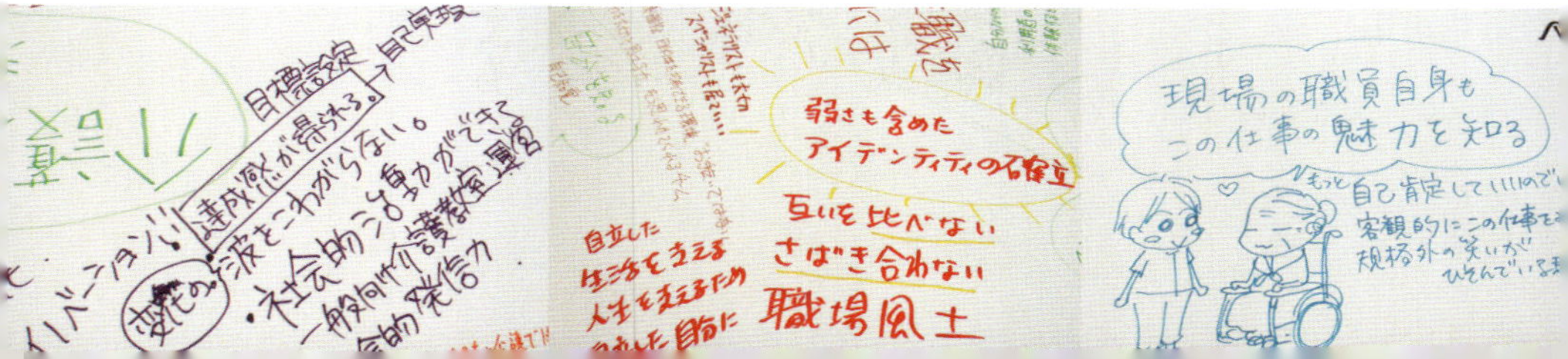

教えることで教わる

定期的に開催しているカフェとは別に、小学校で「出張ｋａｉｇｏカフェ」を開いています。これは子どもたちに魅力ある仕事の１つとして「介護の仕事」を知ってもらいたく、２０１４年から始めたことで、東京都内のある小学校の、４年生の総合学習の授業で継続しています。総合学習のテーマは「共に生きる」なので、子どもたちに介護の仕事の楽しさ、いろんな人がいて、いろんな仕事がある社会の豊かさを感じてもらって、「自分ならどうする？」という思考につなげるように配慮しています。

子どもたちは高齢者と一緒に暮らしたことがない子も多く、初めて「介護」と接点をもつことが多いようです。そこで毎回、能動的に介護と関わっている「未来をつくるｋａｉｇｏカフェ」の仲間にボランティアで協力してもらい、子どもたちがそれまで見聞きしたことがない現実社会に触れる機会をつくっています。

とはいえ、堅苦しい構成ではなく、楽しい授業をめざしていて、私や仲間も子どもたちとのたわいない対話を楽しんでいます。

たとえば、漫画家で介護職のキャリアもある國廣幸亜さんをゲストティーチャーに、認知症の高齢者のお茶目な側面を漫画で紹介し、年老いるということ、認知症とその介護について伝えたり、介護と美容、介護と旅行などを組み合わせたビジネスを行っているクリエイターが、新たな仕事を生み出すことでたくさんの人を喜ばせることができる醍醐味を伝えたり、認知症の人や家族、支援者、一般の人が日本全国をランニングして１つのタスキをつなぐ「ＲＵＮ伴（ランとも）」の体験談から支え合う喜びを伝えるなど、趣向を凝らしています。

ゲストの発表の後は子どもたちに「今まで当たり前にできたことができなくなるってどんな気持ち？」「お年寄りはどんなことに困り、生活にどのような支障をきたすと思う？」「ＲＵＮ伴などのイベントに多くの人が参加してくれるようにするにはどうしたらいい？」といった問いを投げかけ、想像力をはたらかせて考えてもらいます。

子どもたちからは毎回、さまざまな意見が出て、子どもの純粋さと感性の鋭さを感じます。数回開催した後に先生にうかがったところ、子どもたちは介護に関心をもち、もっと主体的に関わりたいという熱い思いをもっているとのことです。

実録！　介護のオシゴト
（国廣幸亜著、秋田書店刊）

学校は子どもたちの変化として、
・実際に介護業界で働く人から聞いた言葉を思い出し、困っている人に「何かお手伝いすることはありませんか？」と声をかけ、体が動くようになった
・クラスメイトとの関係性や学級経営にも大きく影響した。他者を助けることで「自分が活かされる」という体験、友達のやさしい側面に目を向ける、家庭・社会の多様性を知る機会になっている
・他者に対する関心とやさしいまなざしをもち、プラスの側面を引き出し合うきっかけになっている
・人の意見を聞き、自分の意見を言う〝対話力〟を身につける機会にもなっているなどの成果を挙げています。
　また、子どもから直接「介護を知ると優しくなれる」「介護は大変そうだけど楽しそう」などの声を聞き、介護のやりがいを伝えられていることを喜んでいます。

　これからも子どもたちに介護の魅力を伝える努力をしたいと思うと同時に、地域の貴重な資源として、子どもたちの〝関わりたい〟という思いを叶える機会を創造しなければ、と思う今日この頃です。

小学生の子どもたちは介護についてほとんど知りませんが、いずれ父兄がもつマイナスの価値観の影響を受けてしまう可能性があります。ネガティブイメージに左右されない体験を提供し、福祉の真価を理解し、身近なことと思ってもらいたいですが、数回の体験では足りません。

さまざまな状態にある人の自立を支え、自らも輝くステキな人の話を聞いたけれど、ほかの場で介護について知るのはマイナス面ばかりでは、職業の選択肢に入らないでしょう。小さい頃から継続的に介護に関する教育を授けることが、介護に夢をもち、介護を担う人を育てることにつながると思います。

現状、福祉教育の必要性を感じている先生は多くはないようです。必要性を感じていてもどのような教育が必要か分からない、多忙で取り組めないなどの事情もあるかもしれません。そこで実践事例を増やし、実際にどんな成果があったかなどを集めていきたく、ぜひ、全国にも広がってほしいと思っています。

福祉教育は互助を学び、地域のことを知る機会になり、家庭や地域で子どもも自分ができることを考え、見つける機会になります。介護職は身近な学校とつながれるよう、はたらきかけていく必要があるのではないでしょうか。

介護について、子どもに伝え、教えることは、介護職を成長させる機会にもなります。授業の準備をする過程では仕事や生活の振り返りができ、授業では子どもから介護の魅力を教わることが多いのです。そして、とにかく楽しいです。

今後は、行政や教育委員会、企業などが「継続的な福祉教育の仕組みづくり」をすること、仕組みを根付かせることも期待し、「未来をつくるｋａｉｇｏカフェ」としてはできるだけ協力したいと思っています。

また、学校への「出張ｋａｉｇｏカフェ」は小学校だけでなく、福祉教育の場でも開催しています。２０１３年10月から、埼玉福祉専門学校を卒業したばかりの介護福祉士の卵たちとグループワークや生活プランを共有しており、この活動を通じて、対話の必要性を肌で感じてもらいたく、対話を通じて学ぶことから組織におけるファシリテーター型のリーダーを多数輩出したいと願っています。

一方、私にとってもこのカフェは大切な企画で、異なる世代やキャリア、環境におかれている若者との対話は刺激的で、毎回、多くの気づきを得られる貴重な場に感謝しています。

子どもたちに「介護」を伝えよう

真剣に話を聞いてくれる子どもたち。この後は認知症に関するクイズタイムでした。
クイズ形式は盛り上がり、皆、手を挙げて、元気に答えてくれます。

高齢者の豊かな人間性やおもしろみを子どもの大好きな漫画を通じて伝える國廣幸亜さん。子どもたちが介護を身近に感じるきっかけになったと思います。

認知症の人の気持ちを紙芝居で伝えた回。
当事者とその支援者の連携で読み進められ、
子どもたちも思わず引き込まれていました。

イベント「RUN 伴（ランとも）」について。どうしたらもっと参加する人を増やせるのか？「コンビニで参加を呼びかけるポスターを貼らせてもらう」「参加した子どもには特典としてプレゼントをつける」など柔軟な発想のアイデアが。

子どもたちがいつも最後に歌のプレゼントをしてくれます。子どもたちの純粋な瞳、歌声が本当に素敵で、何度聞いても感激します。素直な心に、介護の楽しさ、やりがい、魅力が少しでも伝われば、と思います。

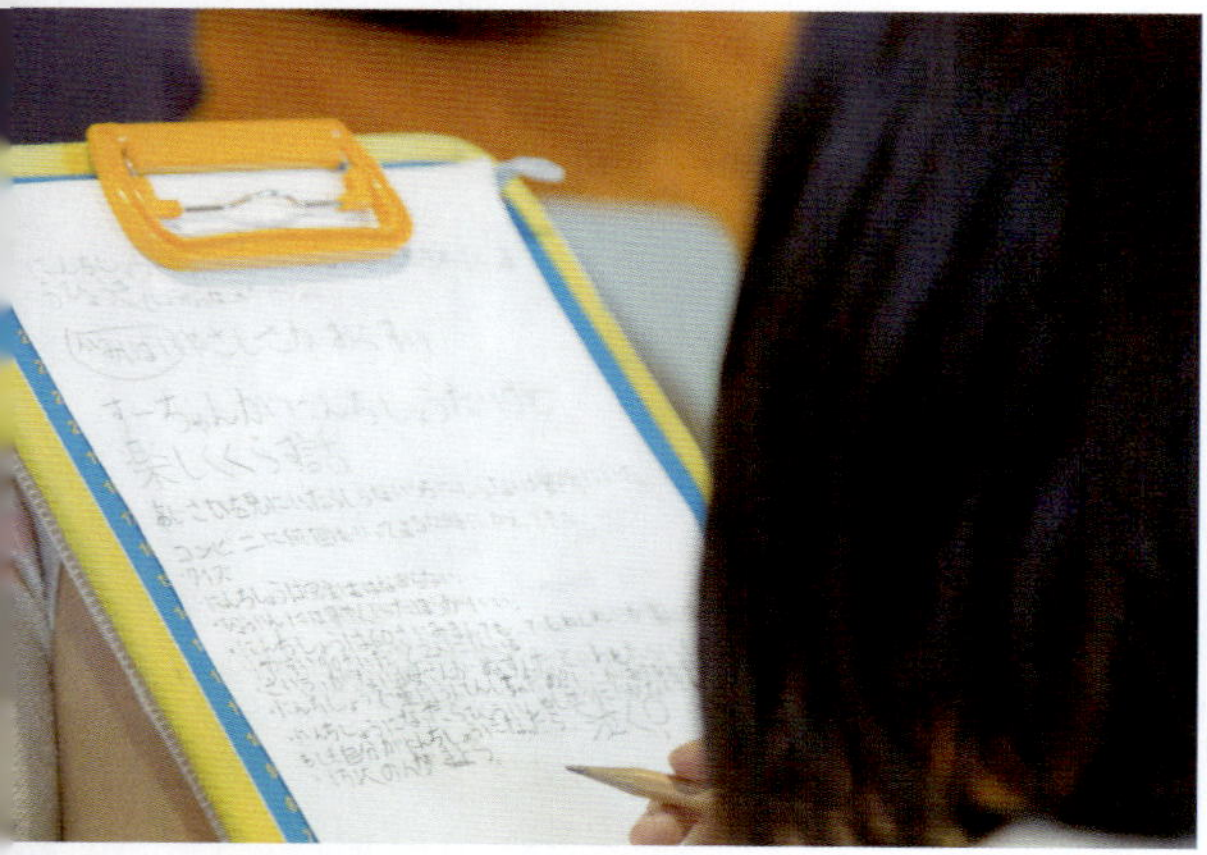

介護は「大変さはあるけれど、やりがいがあって楽しい仕事」だと、カフェの仲間とともにこれからも子どもたちに伝えていきます。

Column　コラム「ミ」

異業種、地域とつながることで仕事がハッピーになる！

自分と向き合う時間を意識的にもっていますが、忙しくて集中しづらいときもあって、どうしても客観性に欠けることがあります。そんなとき手っ取り早く、分かりやすいのが「鏡」に映してみること。他者という鏡が、自分ではつかみにくい自分の姿を見せてくれます。

同じように自分の介護、未来の介護について向き合うとき、同業種や事業所内を見ていても肝心な部分が見えにくいから、異業種、地域という鏡が必要だと思っています。つながりをもっていると、客観的な視点に気づかせてもらえるし、直接、客観的な意見を聞くこともでき、苦手なところは助けてもらえます。ハッピーな変化を生んでいくために、異業種、地域とのつながりを広げています。

Column　コラム「ファ」

自分を豊かにすることから
すべてが変わる！

学生時代から日本の伝統文化にひかれて、お能の本などを読んでいます。茶道や和食・和菓子も興味があるので、カフェでも茶人や和菓子職人の方々を招き、トークセッションの機会をもったこともあります。

お話をうかがうと、おもてなしの精神など、介護の現場にも重なり、活かせることがあると知ることができ、それは貴重な学びですが、それだけではありません。

「和する心」とは、交わるが同じない。確固たる自分をもって、人とつながることだと教わって、むしろ自分と向き合う時間をつくる必要性に気づかされました。こういうことはすぐに現場に役立つ知識というより、生きる智慧のようなものです。じわじわ効いてくる。けれど、ケアにもきっといい影響を与えてくれそうです。

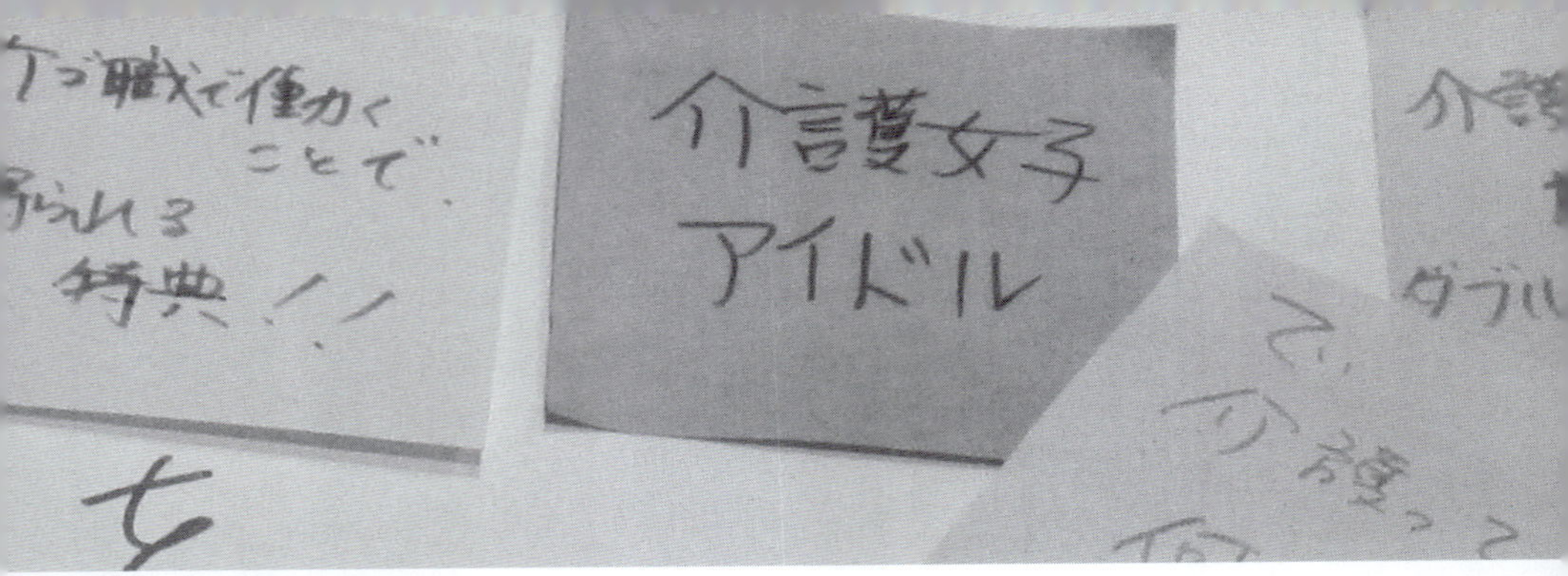

この４年の間に「未来をつくるｋａｉｇｏカフェ」の仲間が地元でカフェを開催したり、開催の準備を始めることは増えていますし、カフェ開催の相談を受けることも多くあります。対話の意義と、場の必要性を共有する仲間が増え、取り組みが各地に広がっているのは大変うれしく、応援したい気持ちでいっぱいです。

この章ではカフェを開きたい気持ちはあるけれど、さまざまな理由で躊躇している人の背中を押したい！　ひとまずやってみる気になっていただけるように、簡単な解説と方法を紹介します。

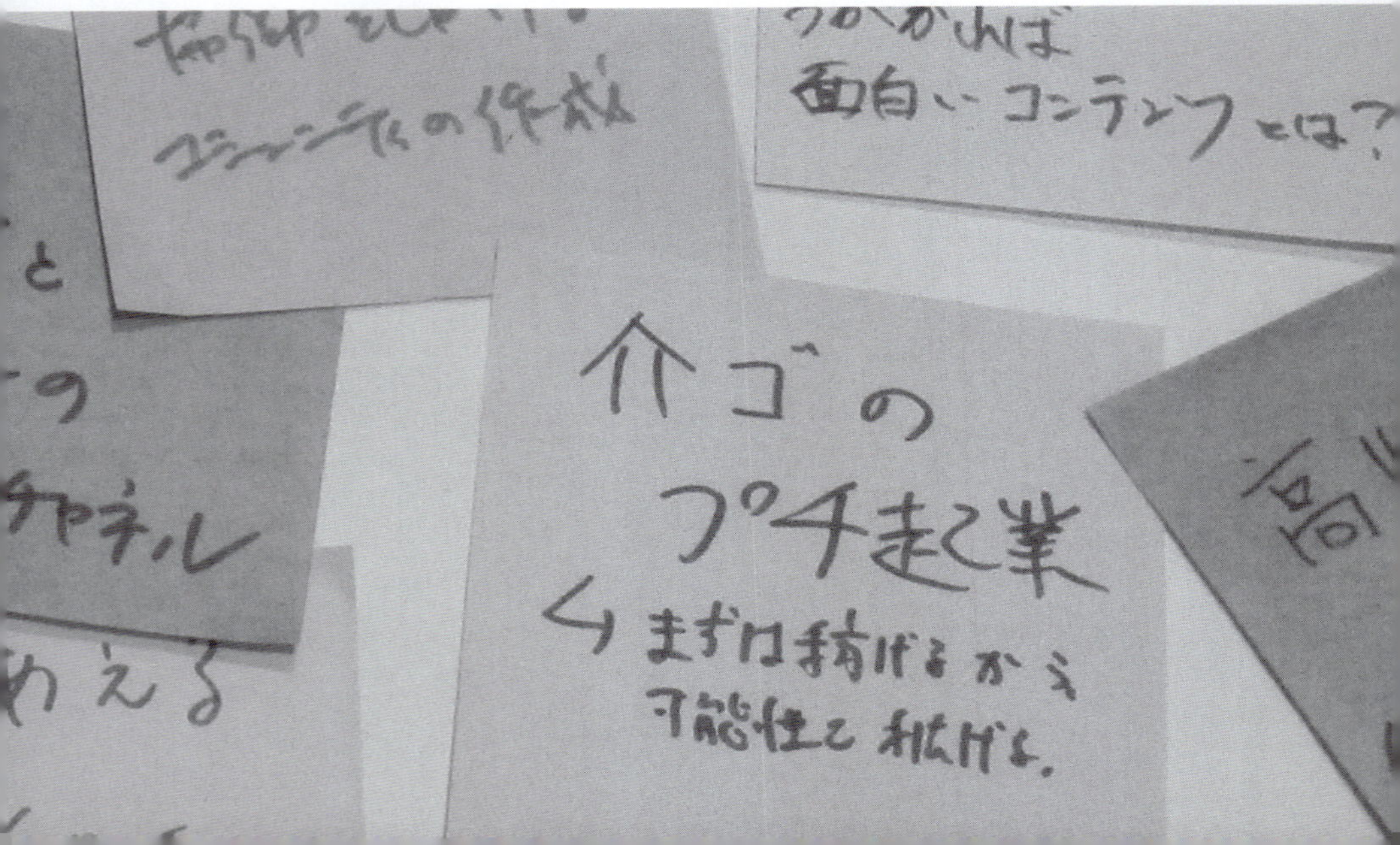

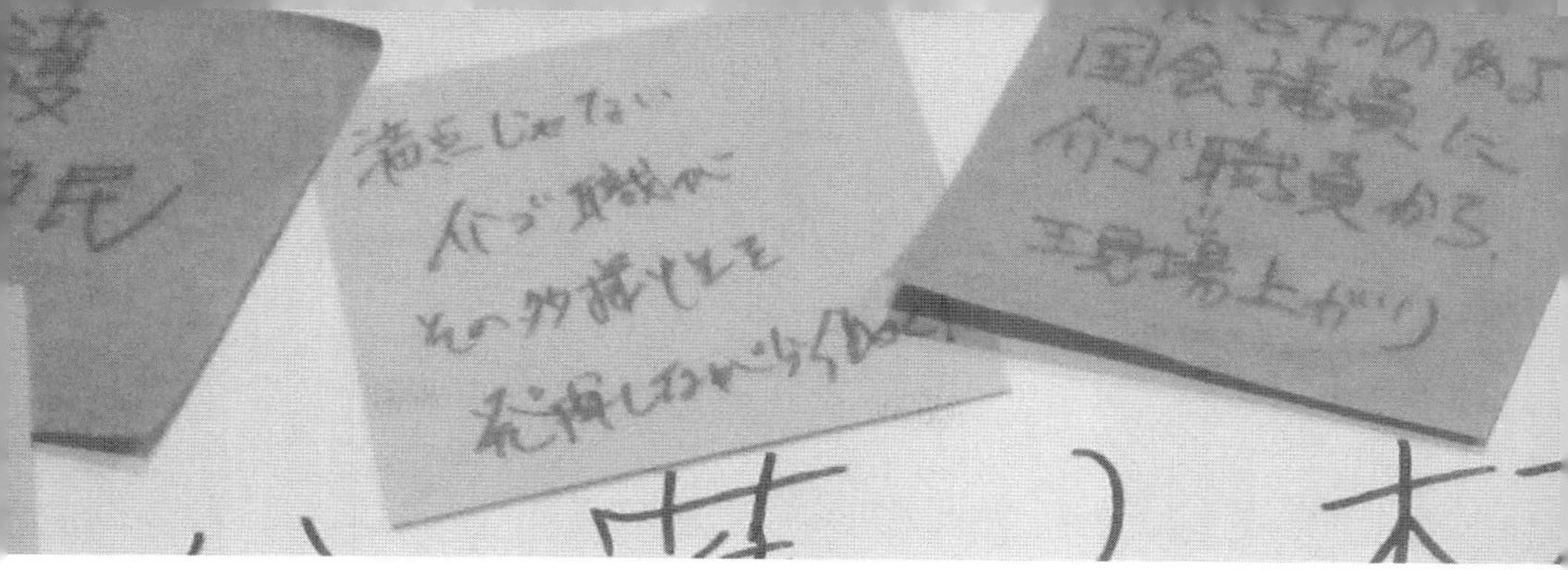

第3章

カフェを開いてみませんか？

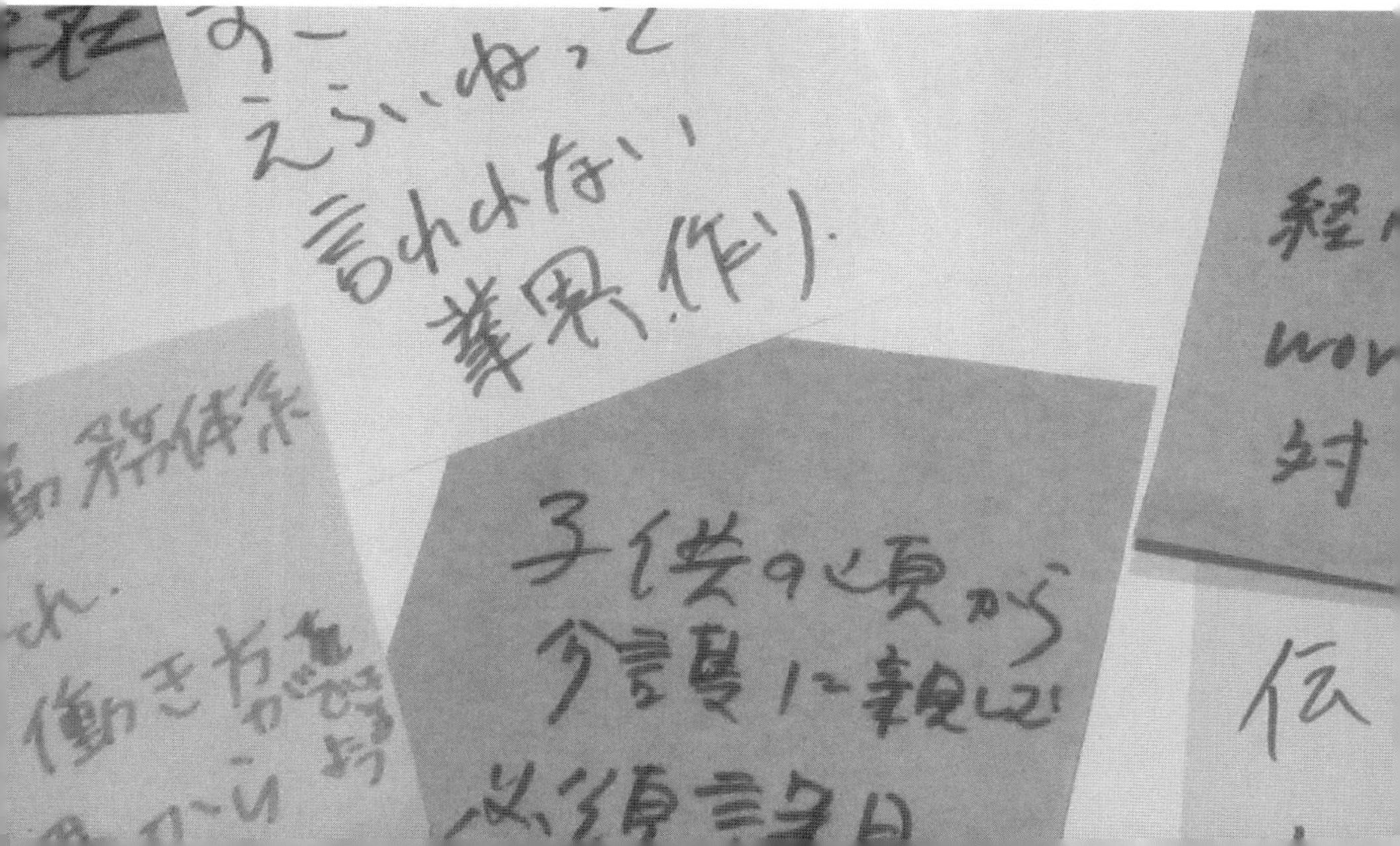

1人でもカフェはできます！
《少人数カフェのススメ》

Summary

- カフェ開催は「１人カフェ」から。自分と向き合い、カフェのプランを練る貴重な機会

- 職場でのカフェは、「職場で」というより、「同じテーマを共有できる仲間で」

- 地域でのカフェは、人脈づくり＆活用から。少人数でもテーマについて対話し、気づきを共有しよう

1人カフェの効用

第1章の最後にも書いた通り、地域の健康増進や見守り・看取り体制づくりを牽引し、未来のための資源を掘り起こすために、全国各地に介護の未来をフラットに対話する場が必要だと思います。

とはいえ必ずしも最初から、職場全体や地域の他職種、異業種を巻き込んで開催しようなどと、高いハードルを自らに課すことはないでしょう。

まずは「1人カフェ」で、自分自身と向き合い、自分のやりたいことを整理したり、未来のイメージを膨らませたりすることから始めませんか。

私も、「未来をつくるkaigoカフェ」を始める前から意識して1人カフェの時間をもつようにしてきて、今もほぼ毎日続けています。SNSで、スイーツなどの写真とともに投稿しているのは、そんな1人カフェで考え、感じたことである場合が多いです。「未来をつくるkaigoカフェ」の次回のテーマやゲストスピーカーをだれにするかを考えたり、参考資料を読んだり、仕事の振り返りをするほか、少しの間、目を閉じて心を落ち着かせたりもします。

介護の未来をフラットに対話する場をつくるために、その時間がとても大切です。ぜひ１人カフェで、どのような場づくりをし、地域づくりにつなげていくか、考えてみましょう。

職場でのカフェ開催

介護の未来をつくる第1歩として、職場を変えたいと考え、職場でのカフェ開催を考える人もいるかもしれません。

会議ではなく、ワールドカフェスタイルの対話によって互いに意見交換することはチーム力と、コミュニケーションの質を高めるので、職場でのカフェ開催はとても望ましいことです。

とはいえ事業所では全員が集まってミーティングをすることもままならないことが多いものです。「職場で」というより、「同じテーマを共有できる仲間で」と考えてみるのが現実的です。

つまり同僚や、普段仕事で関わる他職種の中で問題意識を共有できる人と、2、3人で集まり、テーマを設けて対話するカフェを開くのです。

2、3人だと雑談や愚痴で終わってしまう危険があるので、ゲストスピーカーを招く代わりに参考資料をあらかじめ配布しておき、読んできてもらうなどの準備をして開催し、そこはファシリテーションを意識して運営しましょう。

リーダーなら、本当に向き合わなければならないスタッフと共有できるテーマを選び、議論ではなく、雑談でもなく、たとえ10分でも「対話」を試みる。そのチャレンジで良好な関係づくりをめざしませんか。

地域でのカフェ開催

これからは私たち介護職が、地域にはたらきかけ、他職種や異業種、多世代をつないでいくために、気づきと出会いがある対話の場を開いていきたいものです。

そこで、あらかじめ地域の職能団体別の活動に参加したり、行政や市民活動が主宰するイベントなどに協力するなどして、交流を深め、人脈をつくっておくことも足がかりになります。

地域に出てみると、さまざまな立場の人が社会をよくしたいという気持ちで営む活動がたくさんあることが分かります。一見、介護と無縁のような活動の中にも、地域の健康増進や見守り・看取り体制づくりと通じるものがあり、話をしてみると近い思いをもっている人に出会えることがあります。職場や業界にこだわらずに、外に出て、ぜひ、広い視野で人とつながりましょう。

また第1章などでも述べた通り、私のようにSNS上に人脈づくりをしておくのも有効です。問題意識をともにする仲間がいたからこそ、今の「未来をつくるｋａｉｇｏカフェ」があり、仲間がさらに人脈を広げてくれました。

すでにそういう基盤がある人なら、思いきって企画してみましょう。持続可能な開催ペースとテーマをある程度決めて、人脈の中で共感してくれそうな人に協力を呼びかけるのもよいでしょう。

大事なことは、「介護についてフラットに対話する場をつくりたい」という意思を表現し、たとえ小規模でもカフェ運営を始めることです。テーマについて対話し、気づきを共有するカフェでは、何かを結論づける必要はないですから、少人数でも対話が成立すれば大事な1歩を刻んだことになります。徐々に参加者を増やしていき、活動を充実させることができるでしょう。

こんなメニューのカフェは
いかがですか？

介護の未来をフラットに対話するカフェを開くとき、介護に携わる人が共有する「理想の介護とはどのような介護か？」「介護の現状を変え、未来をつくるには？」「介護職が成長し、介護職という仕事が魅力あるものになるには？」という大きな課題につながる、対話しやすいテーマを設ける必要があります。

「未来をつくるｋａｉｇｏカフェ」で実施したテーマの中から、ぜひ全国に広がってほしいテーマを６つ選んでみました。

「介護職に替わるネーミングを考えよう」カフェ

仕事を変える名づけ

「未来をつくるｋａ・ｉｇｏカフェ」ではこれまでに何度か、このテーマでカフェを開いてきました。

〝名は体を表す〟の格言もある通り、名前はそのものの意味を表します。

介護という言葉の意味は、国語辞典には「介抱し看護する」とありますが、人それぞれの解釈の仕方によってさまざまではないかと考えます。

介護の未来をつくっていきたい私たちは「介護という仕事の本質を介護に替わる言葉を使って表現することで、もっと素敵なイメージをつくることや、名づける人それぞれの仕事観や夢を表す表現になる」という思いで、このテーマを設けました。

対話が弾み、参加者の声からダイレクトな気づきが得やすいテーマですので、ぜひ、楽しい時間を過ごしてください。ステキな名前が出たら、「未来をつくるｋａ・ｉｇｏカフェ」のウェブサイトやFacebookにメッセージの投稿を。

カフェの進め方

カフェの趣旨を説明した後、それぞれに名前と名づけた理由を書き出してもらい、後半に名前と名づけた理由を発表、対話する（少人数の場合は、あらかじめ名前と名づけた理由を書いてきてもらい、発表、対話から始めるのもよい）。

「未来をつくるｋａｉｇｏカフェ／介護職に替わるネーミングを考えよう」で発表された名前は⁉

サードライフアシスタント／ヒューマンタッチャー／ターミナルケアワーカー／ハッピーエイジングコンシェルジュ／一級よりそい士／ライフパートナー／伴走者／ライフゲーター／心に光を照らす専門家／ケアクリエイター／ケアソムリエ／介援隊／おせっかいご士／快互サポーター／自立支援員／ケアアスリート／ケアアテンダント／エンパワメントサポーター／老後のハッピー仕掛け人／ＱＯＬＵ（キュオル）／潜在力引き出し士

and more……

こんな名前をつけました！

未来をつくるkaigoカフェ

つむぎすと　髙瀬比左子

E-mail:miraikaigocafe@gmail.com

Home page:http://www.kaigocafe.com/

facebook page:http://www.facebook.com/miraikaigocafe

私は、カフェの取り組みから、他職種や異業種、多世代などをつなぐ、つむいでいく専門家として「つむぎすと」というネーミングを名刺に使用しています。

ネーミングは自分の仕事観を表すツールとしても有効に活用できます。

『介護職』に替わる名前をつけるとしたら？	お名前
ネーミングの由来、名前に込めた思いは？	

「ナラティブ・ベイスト・ケアについて考えよう」カフェ

初心に帰るきっかけ

介護の未来をつくっていくために、今、介護職が多くの対話をすべきテーマで、「未来をつくるｋａｉｇｏカフェ」でも何度か取り上げたテーマです。

２０１６年1月26日にはゲストにものがたり診療所の佐藤伸彦さんを迎え、ナラティブホームの立ち上げからナラティブブックにいたるまでのきっかけや経緯についてお話をうかがった後、「一人ひとりの〝ものがたり〟を大切にしたケアとは？」というテーマで対話しました。

by Hiroki Kondo

ナラティブ・ベイスト・ケアは今、老年医学や在宅医療の分野でとくに注目されている考え方です。寿命がのび、だんだんに衰え、自立度が低下していく高齢者へ提供される医療は、従来のエビデンスを根拠とした治す医療だけでは支援できないこともあるため、患者個々のものがたりに向き合って、対話の中でその人に適した医療（支える医療。治す医療も含まれるが、すべてではない）を提供しようというもの、オーダーメイド医療、個別性を重視した医療などとも言われます。

この「個々のものがたりに向き合う」という視点は、本来、介護では基本的な視点です。医療と違って、エビデンスでは割り切れないところ、個々の生活の歴史や愛着、支えに向き合って、利用者本位の自立支援や看取りケアが成り立ちます。認知症の人のケアにおいては、とくに個々のものがたりを理解し、配慮することが求められることを介護職の多くは経験として知っているでしょう。

つまり医療では近年、とくに注目されている考えでも、介護にとってはそこがスタートだということ。しかし、あえて今、介護職がナラティブ・ベイスト・ケアについて知り、考え、対話する必要があると思うのは、本来なら基本であることを忘れている現場が多いからです。

今、私たちがナラティブを思い出し、基本に立ち返り、私たちの専門性を発揮できる強みとして見直す必要を感じます。

一方、余談ですが、私は同様に注目されているユマニチュードも、本来、介護では当たり前であるべきことが体系化されているものであると感じています。「ユマニチュード」と新しい言葉で聞くと新鮮で、新しいことのようですが、介護職なら感心している場合ではなくて、日々当たり前にできているかという点で関心をもたなくてはならないと思うのです。

基本的で、だれもが当たり前のことだと思いながら、おろそかにしてきてはいないでしょうか。

介護職がユマニチュードを学ぶことは日々の仕事の振り返りや反省材料になります。「見つめて、触れて、語りかける」を日々の現場でできていないなら、そのことを問題視し、当たり前のことが当たり前にできるように、仕事を見直さなければならないと思うのです。

何より利用者を笑顔にするため、そしてプロフェッショナルとしての自尊心を守るために、私たち介護職は基本を大切にしなければならないのではないでしょうか。

カフェの進め方

少人数なら、参加者はあらかじめ佐藤伸彦さんの著書を読むなどしてから集まり、読後感とナラティブ・ベイスト・ケアについて対話する。後半、ナラティブ・ベイスト・ケアの視点をまずどのように業務に反映するか、銘々が意思表明するのもよい。

人数が増え、全員が読後に集まるのが難しいようなら、趣旨説明の際に主催者がナラティブ・ベイスト・ケアについて発表し、対話につなげる。

参考

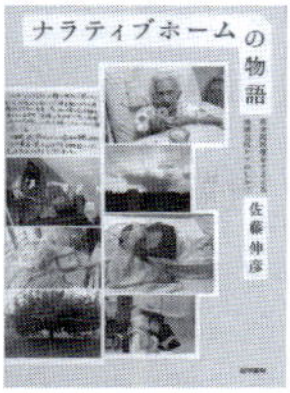

ナラティブホームの物語　終末期医療をささえる地域包括ケアのしかけ
（佐藤伸彦著、医学書院刊）

「認知症の人の気持ちをどうやって理解しますか？」カフェ

当事者から学ぼう

今後一層、私たち介護職の仕事の中で重要になり、携わる機会も増すのが、認知症の人のケアです。

認知症とともに生きる人の理解者として、ケアのプロフェッショナルとして、認知症の人と家族の生活を支えることができるように、もっとも大切な学びは当事者の声を聞くことです。

ぜひ、そのことを職場で共有するカフェ

を開きましょう。当事者の著作がたくさん出版されていますので、それらを活用するのもよいですし、ご紹介する「旅のことば」を用いるのもおすすめです（「未来をつくるkaigoカフェ」も2015年6月14日に「旅のことば」ワークショップを開催しました）。

また、私たちは認知症の初期段階における望ましい関わり方や、在宅生活を可能にする情報を当事者や家族、関係者ほか、広く地域で伝えて、認知症とともに生きる人を支える地域資源を増やすはたらきかけをしていく必要があります。こうしたワークショップを行うカフェをその活動のきっかけとするのもよいのではないでしょうか。

カフェの進め方

　認知症の人を受け入れている事業所でカフェを開くなら、まず当事者である利用者の声を聞くことができないか、考えてみるのもよい（一緒に「旅のことば」について話す、など）。

　少人数で開催するカフェなら、参加者はあらかじめ認知症当事者の手記を読むなどして集まり、読後感と認知症ケアについて対話する（または利用者の声を聞く）。後半、日頃の業務のどういった点を見直すか、銘々が意思表明するとよい。

　人数が多いなど、読後に集まる（利用者の声を聞く）のが難しいようなら、趣旨説明の際に主催者が当事者の声を発表し、対話につなげる。

　また、認知症の人や家族と、支えている人の話を聞き、実際に行っている「認知症とともによりよく生きる」ための工夫を探り、それをだれもが日常生活で使いやすいよう「40個のことば」にまとめている書籍「旅のことば」または「旅のことばカード」を活用すると、さまざまな立場や状態にある人の気づきや理解が得やすいカフェを開催することができる。

「旅のことば」を活用したワークショップ

書籍（カード）で紹介されているのは、認知症とともに前向きに生活している人やそのまわりの人へのインタビューなどから集められた工夫です。工夫の1つひとつに名前がついているので、その工夫を「ことば」（単語）として扱え、生活をよりよくするために利用したり、工夫について対話しやすくなっています。

たとえば「家族と話し合いながら、自分ができることを活かした『日課』をつくる」という工夫には「自分の日課」という名前がついています。そこで、「洗濯物の取り入れを『自分の日課』にしよう」と考えたり、「どんなことが『自分の日課』になっていますか?」と問いかけたりできるという具合です。

40の工夫の中で、主催者やファシリテーターが趣旨を説明し、いくつかの「ことば」を取り上げ、参加者が経験を語り合ったり、思うことを対話するのもよいでしょう。または参加者が40の工夫の中からとくに関心を抱いた「ことば」をピックアップして対話を展開するのもよいでしょう。

医療・介護に携わる人や認知症の当事者、その家族に限らず、家族会やボランティアなどの支援者、教育関係者、行政・自治体関係者、企業も活用できるよう、考えてつくられたツールなので、多くの人が共有できます。

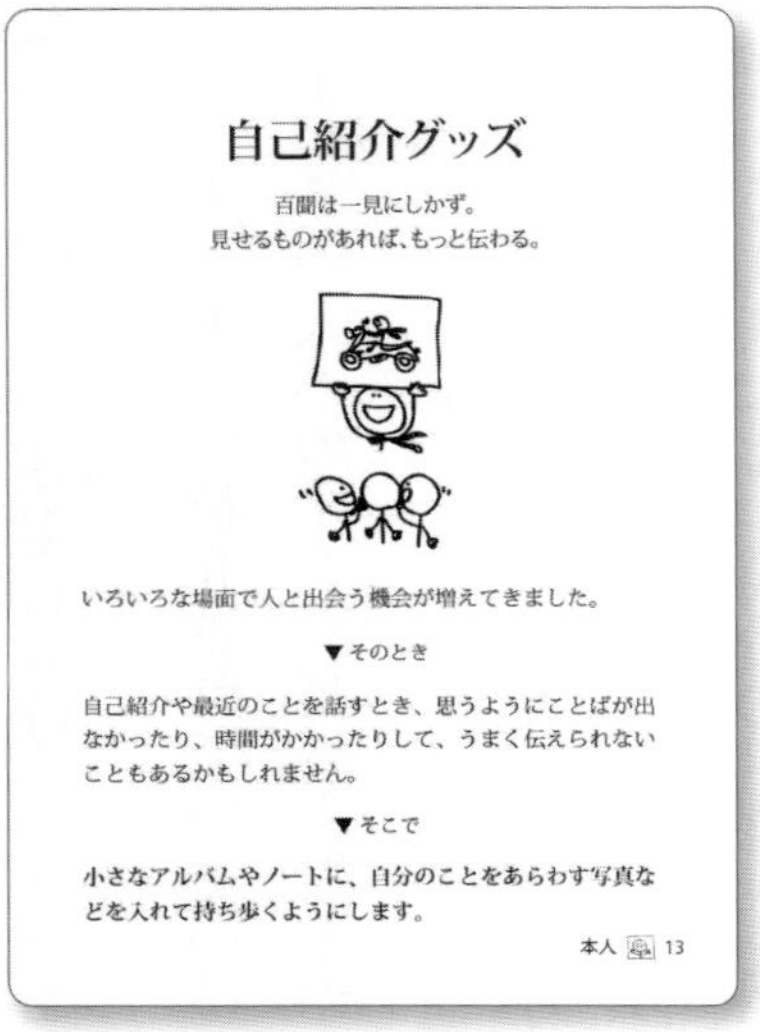
自己紹介グッズ

百聞は一見にしかず。
見せるものがあれば、もっと伝わる。

いろいろな場面で人と出会う機会が増えてきました。

▼そのとき

自己紹介や最近のことを話すとき、思うようにことばが出なかったり、時間がかかったりして、うまく伝えられないこともあるかもしれません。

▼そこで

小さなアルバムやノートに、自分のことをあらわす写真などを入れて持ち歩くようにします。

本人 13

特別な日

いつもとは違う自分になるわくわく感。

毎日同じような日々が続いています。

▼そのとき

単調な生活が続くと、本人も家族も前向きな気持ちが弱まってしまいます。

▼そこで

時折、本人がいつもとは違う時間を過ごす《特別な日》をつくります。

家族 29

こんなメニューのカフェはいかがですか？

自分の仕事から

自分たちには一体何ができるだろうか？

いま日本では認知症だと考えられる人は800万人（予備軍を含む）いるといわれ、これは高齢者の約4人に1人にあたると知りました。

▼そのとき

認知症の方がよりよく生きるためには、生活のいろいろな場面での支援や社会的な対応が必要ですが、医療と福祉の分野以外ではまだあまり取り組みが進んでいません。

▼そこで

認知症の方々がよりよく生きられる社会に向けて、自分たちの仕事のなかでできることを考え、日々の仕事に取り入れます。

みんな 33

自分の日課

ちょっとしたことでも
毎日コツコツと。

ほかの人にしてもらうことが多くなってきました。

▼そのとき

自分でしないほうがよいかと思って必要以上に任せていると、今できることもできなくなってしまいます。

▼そこで

家族と話し合いながら、自分ができることを活かした「日課」をつくります。

本人 7

三種のつながり

医・介・友、三つの相談先。

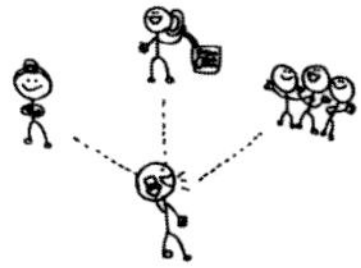

介護にかかわる生活がはじまり、いろいろな問題や悩みが出てくるようになりました。

▼そのとき

専門的なことから生活のことまで、いろいろな種類の問題・悩みが生じるので、そのすべての相談ができる人を探しても、見つかりません。

▼そこで

医療の相談、介護の相談、悩みの相談、というように相談の種類に合わせて、それぞれに信頼できる相談先をつくります。

家族 19

それぞれの「ことば（工夫）」には、どのような状況でこの工夫が使われるのか（▼そのとき）と、その状況ではどのような問題が起こりがちか（▼そこで）と、解決の工夫と期待される前向きな結果（▼そうすると）も書かれています。「ことば」をきっかけ、まさに〝キーワード〟にして、ゲーム感覚で楽しく対話しましょう。

書籍　旅のことば　認知症とともによりよく生きるためのヒント
（井庭崇、岡田誠共編著、慶應義塾大学井庭崇研究室、認知症フレンドリージャパン・イニシアチブ共著、丸善出版刊）
旅のことばカード　認知症とともによりよく生きるためのヒント
（クリエイティブシフト制作・販売）

「理想の現場をどうやってつくりますか？」カフェ

理想を語ろう

この本の第2章で「未来をつくるｋａｉｇｏカフェ」のテーマを介護に携わる人が共有する「理想の介護とはどのような介護か？」「介護の現状を変え、未来をつくるには？」「介護職が成長し、介護職という仕事が魅力あるものになるには？」という大きな課題から選んだことを紹介しました。

３つそれぞれについて考えを述べるために分けて紹介しましたが、この３つは別々のことではなくて、大いに関係しています。

理想の介護に立ち返ることが、介護職の専門性をはっきりさせて未来をつくり、介護職を成長させます。

介護職が広い分野の卒後教育を受けて成長することが、理想の介護に近づき、介護の未来を変えていくともいえるでしょう。

そして「理想の現場をつくる」というのも、この3つのことをどうやって実現するかと関連していて、未来の介護を志向して介護職の人材育成に熱心な現場なら、理想的な現場と言えるのではないかと思います。

ですから、「理想の現場をつくるには？」という問いも大きすぎて、観念的な話になってしまわないように〝どうやって〟という部分を大事にした対話が必要でしょう。だれがつくる？　ではなく、自分がつくる！　ということです。

そのために、強みを活かしてできることは、していることは何か、実践を言語化することが大切です。

実践から得たこと、変化したことなども具体的に話す準備をすることが、仕事の振り返りになり、経験が知識や技術として落とし込まれ、専門性という強みに変わります。

2015年1月26日に開催したカフェは、「未来をつくるｋａｉｇｏカフェ×あおいけあ勉強会」のコラボレーション企画でした。

あおいけあは先進的な取り組みをしていることから〝藤沢モデル〟などと呼ばれ注

目を集めている事業所です。当日は代表の加藤忠相さんのお話とともに、スタッフが自立支援につながる地域活動の事例をもとに現場での気づきを発表しました。

スタッフ一丸となって「利用者本位」を貫く事業所から発信されたのは「もっと役に立ちたい」「笑う顔が見たい」という純粋な思いから派生する工夫と実践の数々でした。実践を繰り返す中で得た自信と誇りを感じたのも印象的でした。

そのようなゲストスピーチがあると、「自分は！」という対話が弾みます。リアリティが「あなたならどうする？」と問いかけてくるので、ただいい話を聞いたではすまないのです。視野が広がる機会にもなります。

スピーチでなくても、理想的と思う現場発の雑誌記事や寄稿、映像など、ゲストスピーチの代用となる情報（資料）がたくさんあると思いますので、そうしたものを利用して、〝どうやって〟というところが弾む機会をつくりましょう。

カフェの進め方

カフェの趣旨を説明した後、資料を読む（視聴する）などした後、理想の現場をつくるために、強みを活かしてできること、していることは何か、実践を言葉にする（明記）。後半、意思表明し、対話する（少人数の場合は、あらかじめ資料を読む・視聴するなどしてから集まるのもよい）。

理想の現場をつくる 私はコレからはじめます！	お名前 ＿＿＿＿＿＿＿＿

「プレゼンテーションナイト」カフェ

自分を開く！

このカフェは、プレゼンターが「PechaKucha 形式」にのっとって自分の考えや仕事、ライフワーク、趣味など好きなことをテーマにプレゼンテーションし、表現力を磨くものです。

「PechaKucha 形式」はテーマについて20枚のスライドを用意し、1枚20秒、計400秒（6分40秒）の制限時間を守って発表するのがルールです。この形式は日本発で世界中に広まっているもので、テーマは自由でも、スライド枚数と時間に決まりがあるので、思いを伝えるためにスライド作成や情報量、伝える順番、スピードなどで工夫を要します。

観客は受け手であり、対話につなげるかどうかは構成にもよりますが、練られたプレゼンテーションは聞くだけでも、対話に準じる理解と気づきをもたらす機会になります。

「未来をつくるｋａｉｇｏカフェ」では２０１４年5月14日に８人の介護福祉に関わる方にそれぞれ今、自分が取り組んでいる事業や関心のあること、自分のルーツに関わることなど自由なテーマでプレゼンテーションしていただきました。プレゼンターからは「頭を整理する機会になってよかった」、オーディエンスからは「自分も挑戦してみたい」といった声をいただき、盛会でした。

プレゼンターのスライド制作はパワーポイントなどを利用すればさほど難しくないと思いますが、構成や準備に時間がかかる企画なので、企画・準備は早めに始める必要があるかもしれません。数名のプレゼンターを立てる場合は、内容について事前に確認し、流れを考えるのがよいでしょう。

また、これは他のメニューの場合も同様ですが、会場の備品チェックを事前に行うことを忘れずに！　パソコンをプロジェクターにつないで設営するなど、可能な環境か、何を持ち込む必要があるか、コストはかかるかなどを会場選びの段階で確かめておきましょう。そして、全体の構成と時間配分に気配りを。

「モチベーションアップについて考えてみよう」カフェ

刺激し合おう

私もカフェのおかげでちょっとへこんでいた気持ちをリカバーできることは多々あり、モチベーションを持続する難しさを感じつつ、カフェを運営できることをありがたく思っています。

だれでもきっと実践の繰り返しの中でいろいろなことにつまずいたり、立ち止まってしまうときはあるでしょう。それでも、そんなときこそ「直近の課題」や「これから叶えたい夢」を発表するゲストスピーチと、モチベーションアップについて対話するカフェを自分のために企画するのはどうでしょうか。

停滞している自分を感じたら、いきいきしている仲間にゲストを依頼してもいいし、あえて自分と向き合ってみて、課題を掘り起こし、自ら発表するのもいいかもしれません。参加者にも夢や課題、モチベーションをアップするためにどのような工夫をするか、書き出してもらって、気づきを共有するのもよさそうです。

カフェのメニューを決めるとき、対話が弾むファシリテーションを行うためにはテーマの問いを「だれよりも自分がそのことを知りたい！」と思考している当事者であることが肝心です。

他人事としてではなく、自分のこととして問いと向き合っていてこそ、参加者の対話をバランスよく引き出し、さまざまな視点・考え方・思いを楽しみ、たくさんのギフトをもち帰ることができます。

停滞している時期こそカフェを開くことを尻込みしないでください。１度経験すれば、仲間から受ける刺激のありがたさを実感できるはず。どうしても難しかったら、毎月どこかで「未来をつくるｋａｉｇｏカフェ」を開催していますので、いらしてください。

ここを押さえればカフェは大成功！

介護についてフラットな対話を促すカフェ運営でのポイントを紹介します。カフェを主催する人、運営に協力してもらう人が共有しておきたい要点です。参考に、対話が弾み、参加者が気づきをもち帰れるカフェを開催してください！

全国で、それぞれの地域づくりの核となるカフェが開催されることを願い、「未来をつくるｋａｉｇｏカフェ」は支援を続けていきます。

本項編集協力：広石拓司（empublic）

「対話」を弾ませよう

カフェでは、参加者が集まり、テーマについて対話します。参加者は立場も年齢も関係なく、思うことが自由に述べられ、だれからも否定されません。対話はどのような視点・考え方・思いも「いい・わるい」「正しい・間違っている」などのをジャッジするものではないからです。

対話はいろいろな視点・考え方・思いがあることを聞き、自分の意見も述べ、双方が新鮮な気づきや問いを得る機会です。たとえだれかの視点・考え方・思いに共感することができなくても、自分とは違う視点・考え方・思いがあると知り得ただけで、自分にとって貴重な体験になります。つまり対話は「議論」とは異なり、「雑談」とも違うので、「聞き合う」ことが重要と言うこともできます。この点を参加者全員が理解していないと、それぞれが自由に発言できなくなってしまいます。

なお、ゲストスピーカーの役割は「対話の糸口の提供」で、視点・考え方・思いを押しつけるのではなく、先駆者（経験者・実力者）として、自分の視点・考え方・思いをフラットに示し、参加者にテーマについて語る動機を授けることにあります。

議論と対話と雑談の違い

議論
テーマに対して参加者それぞれが立場を通じて発言をする場、 意見を戦わせて場の結論を求める
対話
テーマに対して参加者それぞれの自由な意見を聞き合って 相互理解を深める場、場の結論は求めない
雑談
テーマをもたず、気分やその場のムードに合わせて話す

弾む対話のポイント

・何について話すかテーマがわかりやすい
・互いが聞き合い、気づきを得ようとする意欲がある
・発言を否定しない、発言者が偏らないなどルールがある
・進行を管理し、ルールにのっとった運営を促すファシリテーションがある

テーマ設定で気をつけたいポイント

・参加者が常日頃、関心を寄せていること
・答え〈正解〉が1つではない問い
・知識や経験の差によらず、意見を述べることができる
・自分はどう思うか、だれもが話せる
・自分の体験を交えて話せる
・ルールにのっとって対話できること

ファシリテーションを身につけよう

ワールドカフェスタイルのキーマンはファシリテーターです。

ファシリテーターをひと言で表せば、「対話をもり立て、参加者の能動的な思いを引き出すように場をつくる人」と言えるでしょうか。

その進行が、対話にバランスよい参加を促し、場の心地よさを左右する場合もあるので、重要な存在です。

ファシリテーションの技術については、学ぶ機会がたくさんあると思うので、継続的なカフェ開催、広域でのカフェ開催を考えているなら、専門に学ぶことをおすすめします。

この技術は仕事や社会生活のさまざまな場面で役に立つ技術で、自分を人間的に成長させてくれる機会を増やしてくれるツールです。

私がファシリテーションを身につけてよかったと思うことは、自分の中に生まれる問いを整理し、意見をまとめた上、対話によって独りよがりにならずに思考を深める習慣をもてたことです。人生全般によい影響があったと感じています。

ファシリテーションのポイント

・自分自身がその問いについて思考している当事者であること
・すべての人の経験や視点・考え方・思いには価値があると信じていること
・理解し合うために問いかけること
・知り合い、思いを伝え合うために聞き合う場とすること
・だれもが対話によって自分自身で必要なことに気づく力があり、説得の必要はないと理解していること

2016年4月23日に実験的に開催した「未来をつくるkaigoカフェミーティング＆ファシリテーター講座」でもご紹介した、広石拓司さん（empublic）考案のカフェの企画に活用できるリストです。カフェの企画にご利用ください。

対話イベント企画

主催		
開催日時	年　月　日（　）　集合時間	
会場		
メインテーマ		
開催目的	こんな人が（対象者）	
	こんな体験を通し、	
	こんな気づきを得てほしい	

	時間	プログラムの内容	内容イメージ
開場			
事前説明		対話の目的、テーマ設定の背景	
トーク		スピーカー 進め方	
対話		前半の対話（テーマ、進め方） 中間まとめ 後半の対話（シェア）	
振り返り			
終了予定			

＜当日のスタッフ、役割分担＞

＜収入：参加費　支出：コスト＞

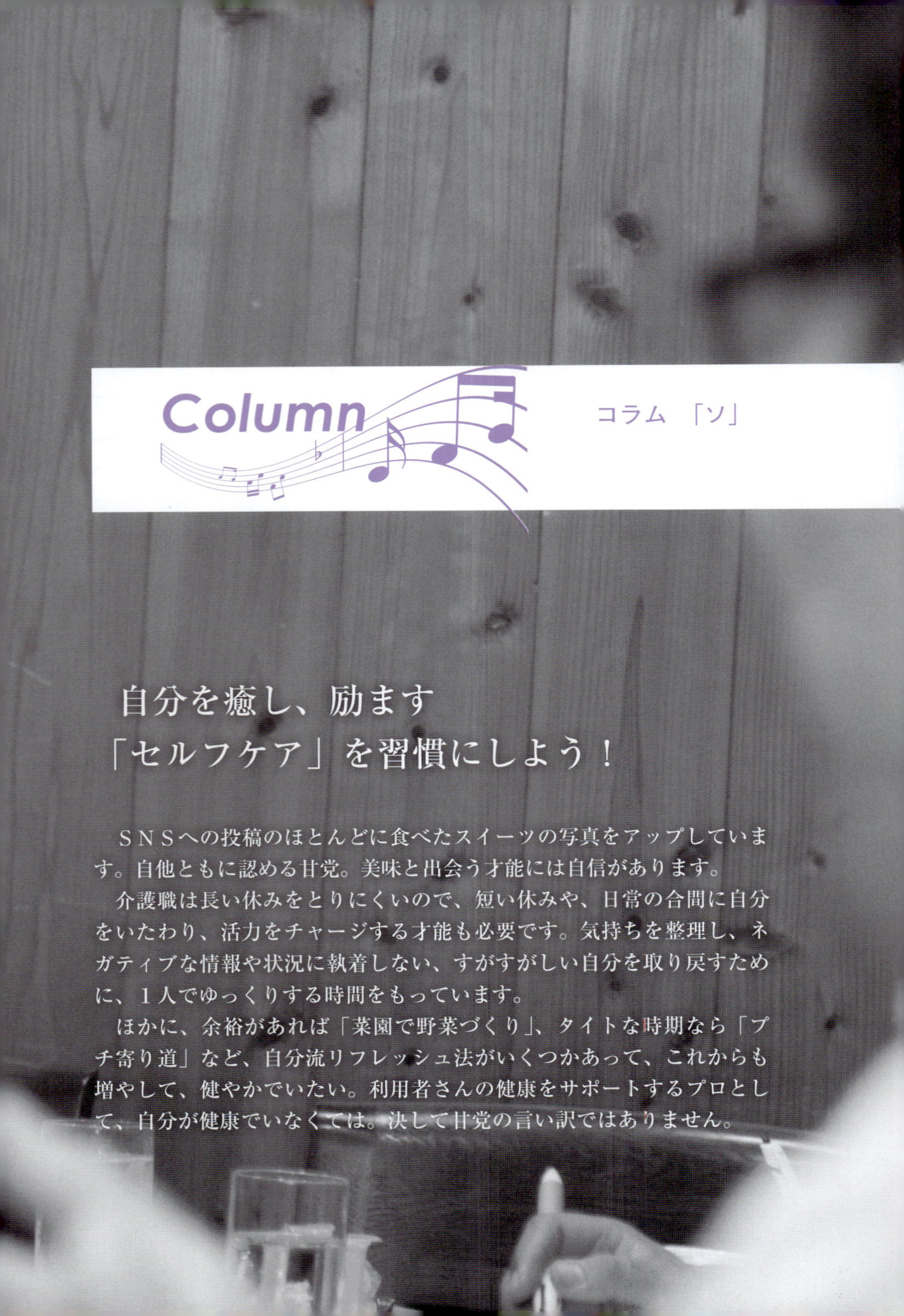

Column　コラム「ソ」

自分を癒し、励ます
「セルフケア」を習慣にしよう！

ＳＮＳへの投稿のほとんどに食べたスイーツの写真をアップしています。自他ともに認める甘党。美味と出会う才能には自信があります。

介護職は長い休みをとりにくいので、短い休みや、日常の合間に自分をいたわり、活力をチャージする才能も必要です。気持ちを整理し、ネガティブな情報や状況に執着しない、すがすがしい自分を取り戻すために、１人でゆっくりする時間をもっています。

ほかに、余裕があれば「菜園で野菜づくり」、タイトな時期なら「プチ寄り道」など、自分流リフレッシュ法がいくつかあって、これからも増やして、健やかでいたい。利用者さんの健康をサポートするプロとして、自分が健康でいなくては。決して甘党の言い訳ではありません。

おわりに

対話によって、信頼できるつながりを広げたい

実験的な試み

先日東京都内で、介護職の対話の必要性を確認し、発信力を高めることを目的にしたミーティングと、ファシリテーターとしてのスキルを身につけてもらう講座を開催しました。

これから自分の地域や組織で、カフェのような場づくりをしたいという人に向けて具体的な支援となる取り組みを実験的に始めたのです。

開催してみて、その場での参加者同士のつながりも、同じ方向を見据えた仲間同士だけに〝確かなつながり〟となった様子でした。

私はそんな新たな第1歩を踏み出せ、よいスタートが切れたと感じてい

ます。今後は同様の取り組みを各地で開催したく、準備を進めているところです。

思いを支えたい

なぜ、そんな試みを始めたかというと、「未来をつくるｋａ・ｉｇｏカフェ」に全国から参加者が集まるようになり、カフェのような場は全国各地に必要であることを強く感じたためです。そして、各地から集まる参加者のほとんどが熱心に介護の未来について考え、行動していこうとしている人たちで、多くが地域や組織でカフェのような場づくりをし、運営していく才に溢れていると思ったからでもあります。

また、その人たちの介護の未来への思いや夢を具体的にするには、場をもち、実践者として仲間とつながることも必要なので、それを応援したいという気持ちもあります。

一方、場づくりを志向しているけれど、しかるべき学びで自信をつけてからにしたいと考えている人からの要望もありました。

介護の仕事をしながら、仕事上でのスキルアップの目的でもファシリテーションの勉強をしたいと考えている人が少なくないことは、「未来をつくるｋａｉｇｏカフェ」を開催するようになってしばらくして気がついていました。

カフェとしても「ファシリテーター型のリーダーを輩出すること」を目的の１つと考えてきたので、講座の開催はずっと念頭にあったことでした。介護職が、未来の介護のために起こすアクションを支えるのが、「未来をつくるｋａｉｇｏカフェ」とそのネットワークの目的であり、大切な夢なのです。

参加者の中には自分流で場づくりをしていたり、始めた人も少なくないので、そのような人と、「未来をつくるｋａｉｇｏカフェミーティング＆ファシリテーター講座」を経て場づくりを始める人と、ネットワークがリンクすることも、ステキなことだと思っています。

互いに刺激を与え合う存在、高め合う仲間でありたく、それこそが信頼できるつながりではないかと思っています。

絶好のタイミング

本書の中にも書きましたが、「ピンチをチャンスに、弱みを強みに」が信条です。なので、介護の仕事を変え、未来をつくるのに今が絶好のタイミングだと思います。

課題が多く、問題が山積みとも言える介護業界だからこそ、まだまだ取り組めることや可能性がたくさんあると信じたく、そのカギは、初心に戻ること、丁寧な仕事、地道な積み重ねとはたらきかけがベースにあると思っているのです。

カフェは、まったくご存知ない人から見たら、ちょっと変わった人の集まりに見えるかもしれませんが（確かに、かなり個性派ぞろいではありますが）カフェに集う参加者は希望をもち、未来を変えていく、やる気に満ちた人たちです。

今のピンチは自分たち次第で大きく転換できるという可能性を信じています。

明るい未来へ

障害のある人や高齢者と地域、一般の社会をつなぐ窓口として、ますます介護職や介護に関わる私たちは外へ出ていき、発信力を高めていく必要があると「未来をつくるｋａｉｇｏカフェ」の仲間たちは自覚しています。支えを必要としている人の生活全体を見てケアをすることができる介護職の専門性が活かされるフィールドは、社会全体にあると気がつき、行動し始めています。

これから私たちはさまざまな資源をつなぎ合わせるコーディネーターになり、職場はもちろん、地域社会やさまざまな人とのつながりをつくっていくことが、だれもが安心して年をとり、生活できる明るい社会をつくる土台になるでしょう。引き続き介護の未来をよくしていきたい、という同じ思いをもった仲間とともに、未来を切り開いていきたいと思っています。

高瀬比左子

《著者プロフィール》

高瀬比左子（たかせ・ひさこ）

「未来をつくる kaigo カフェ」代表。
大学卒業後、一般企業へ就職。「もっと人の役に立つ仕事がしたい」という思いが募る中、介護の道へ。2012 年、ケアマネジャーとして働きながら、「未来をつくる kaigo カフェ」を主宰。活動は口コミで広がり、介護関係者のみならず多職種、他業種を交えた活動には、これまで延べ 3,000 人以上が参加。小中高への出張カフェ、一般企業や専門学校でのキャリアアップ勉強会や講演、コラボレーション企画の提案やカフェ型の対話の場づくり、勉強会の設立支援も行う。介護福祉士・社会福祉士・介護支援専門員。

http://www.kaigocafe.com

www.facebook.com/miraikaigocafe

介護を変える 未来をつくる

カフェを通して見つめるこれからの私たちの姿

2016年7月21日　初版第1刷発行

著　　者　高瀬比左子
発 行 者　林　諄
発 行 所　株式会社日本医療企画
〒101-0033　東京都千代田区神田岩本町4-14　神田平成ビル
TEL. 03-3256-2861（代表）
印 刷 所　図書印刷株式会社

ISBN 978-4-86439-465-9 C3036　定価はカバーに表示しています。